LIBRAIRIE CLASSIQUE DE CH. FOURAUT
47, RUE SAINT-ANDRÉ-DES-ARTS, A PARIS

E. ANSART ET A. RENDU

COURS COMPLET
D'HISTOIRE ET DE GÉOGRAPHIE

GÉOGRAPHIE GÉNÉRALE DE L'EUROPE
ET DE L'AFRIQUE MODERNE

CLASSE DE CINQUIÈME

COURS COMPLET

D'HISTOIRE ET DE GÉOGRAPHIE.

GÉOGRAPHIE GÉNÉRALE DE L'EUROPE

ET

DE L'AFRIQUE MODERNE.

Classe de Cinquième.

LE COURS COMPLET
D'HISTOIRE ET DE GÉOGRAPHIE

SPÉCIALEMENT RÉDIGÉ

D'APRÈS LE PROGRAMME DU 12 AOUT 1857,

Par MM. ANSART fils et Ambroise RENDU,

Se compose des ouvrages suivants :

CLASSE DE SIXIÈME.

HISTOIRE ANCIENNE, suivie de la Géographie physique du globe et de la Géographie générale de l'Asie moderne. 1 vol. in-12, broché.   3 fr. 50 c.

CLASSE DE CINQUIÈME.

HISTOIRE GRECQUE, suivie de la Géographie générale de l'Europe et de l'Afrique moderne. 1 vol. in-12, br. 3 fr. 50 c.

CLASSE DE QUATRIÈME.

HISTOIRE ROMAINE, suivie de la Géographie générale de l'Amérique et de l'Océanie. 1 vol. in-12, broché.   3 fr. 50 c.

CLASSE DE TROISIÈME.

HISTOIRE DE FRANCE ET HISTOIRE DU MOYEN AGE, DU Ve AU XIVe SIÈCLE, suivies de la description particulière de l'Europe. 1 vol. in-12, broché.   3 fr. 50 c.

CLASSE DE SECONDE.

HISTOIRE DE FRANCE, HISTOIRE DU MOYEN AGE ET DU TEMPS MODERNE, DU XIVe SIÈCLE AU MILIEU DU XVIIe, suivies de la description particulière de l'Afrique, de l'Amérique et de l'Océanie. 1 vol. in-12, broché. 3 fr. 50 c.

CLASSE DE RHÉTORIQUE.

HISTOIRE DE FRANCE, HISTOIRE MODERNE depuis l'avènement de Louis XIV jusqu'à 1815, suivies de la Géographie physique et politique de la France. 1 vol. in-12, br. 3 fr. 50 c.

Le cartonnage se paye en sus 25 c. par volume.

Tous les cahiers de Géographie ajoutés à la fin de chaque volume peuvent se vendre séparement, brochés, 75 c.

Chaque volume contient les CARTES CORRESPONDANTES AUX QUESTIONS DE GÉOGRAPHIE prescrites par les programmes.

Ces volumes répondent également, au moyen des renvois détaillés, à toutes les questions d'Histoire et de Géographie posées par les PROGRAMMES DES BACCALAUREATS ES LETTRES ET ES SCIENCES, lesquels sont insérés intégralement dans le premier volume et par extraits dans chacun des volumes suivants.

Les Auteurs se réservent le droit de traduction.

COURS COMPLET
D'HISTOIRE ET DE GÉOGRAPHIE

D'APRÈS

LES NOUVEAUX PROGRAMMES

ARRÊTÉS PAR M. LE MINISTRE DE L'INSTRUCTION PUBLIQUE

LE 12 AOUT 1857

POUR L'ENSEIGNEMENT DANS LES LYCÉES

PAR

M. ED. ANSART FILS,

Professeur d'histoire et de géographie, membre de la Société de géographie,

ET

M. AMBROISE RENDU,

Docteur en droit, Auteur de divers ouvrages classiques.

CLASSE DE CINQUIÈME.

PARTIE GÉOGRAPHIQUE.

GÉOGRAPHIE GÉNÉRALE DE L'EUROPE

ET

DE L'AFRIQUE MODERNE.

PARIS,

LIBRAIRIE CLASSIQUE ET ECCLÉSIASTIQUE

DE CH. FOURAUT,

47, RUE SAINT-ANDRÉ-DES-ARTS, 47.

1857.

On trouve aussi à la même librairie :

OUVRAGES DIVERS DE M. FELIX ANSART.

PRÉCIS DE GEOGRAPHIE ANCIENNE ET MODERNE COMPARÉE, rédigé pour l'usage des Lycées, des Colléges et de toutes les Maisons d'éducation. 24ᵉ édit., revue avec soin. 1 vol. in-12, cart. 5 fr.

Ouvrage renfermant tous les détails qui peuvent faciliter l'étude de l'Histoire et l'intelligence des auteurs classiques, *autorisé par le Conseil de l'Instruction publique.*

On vend séparément

Le PRECIS DE GÉOGRAPHIE ANCIENNE. 1 vol. in-12, cart   1 fr. 60 c.
Le PRÉCIS DE GEOGRAPHIE MODERNE. 1 vol. in-12, cart.   1 fr. 60 c.

PETITE HISTOIRE DE FRANCE, à l'usage des Classes elementaires. Nouvelle edition, completement revue, *rédigée sur un plan nouveau*, et augmentée d'Exercices, de Cartes geographiques et des Portraits des rois. 1 vol. in-18, cart.   75 c.

Ouvrage *autorisé par le Conseil de l'Instruction publique.*

PETITE HISTOIRE SAINTE, à l'usage des Classes elementaires des colleges, continuée jusqu'à la destruction de Jerusalem. Nouvelle edition, augmentée de Questionnaires et de 2 Cartes geographiques. 1 vol. in-18, cart.   75 c.

Ouvrage approuvé par LL. EE. les Cardinaux Archevêque de Tours et Évêque d'Arras; NN. SS. les Archevêques de Paris et d'Alby, et par les Evêques de Langres, de Cambrai, d'Amiens, de Saint Dié, de Beauvais et de Pamiers, et *autorisé par le Conseil de l'Instruction publique.*

VIE DE NOTRE-SEIGNEUR JÉSUS-CHRIST, litteralement extraite des textes des Saints Evangiles, et suivie d'un Precis de la doctrine chrétienne, à l'usage des Classes elementaires des colleges. Nouvelle edition, augmentée de Questionnaires. 1 vol. in 18 de 180 p., cart.   75 c.

Ouvrage revêtu des mêmes approbations que le précédent

ATLAS HISTORIQUE ET GÉOGRAPHIQUE renfermant toutes les cartes necessaires pour suivre un cours complet d'etudes, dressé pour l'usage de tous les etablissements d'instruction publique, et renfermant 60 planches donnant plus de 120 cartes et plans in-4. Demi-reliure.   17 fr.

Il se divise en plusieurs parties qui se vendent séparément pour les diverses classes.

PETIT ATLAS HISTORIQUE ET GÉOGRAPHIQUE composé de 40 cartes in-4.   6 fr.

Il se divise en 3 parties qui se vendent separament.

Tout exemplaire non revêtu de la signature de l'un des auteurs et de celle de l'editeur sera réputé contrefait.
Le dépôt legal de tous les ouvrages annoncés ci-dessus et d'autre part ayant été effectué, les auteurs feront poursuivre rigoureusement toute contrefaçon ou traduction faite au mepris de leurs droits.

EXTRAIT DES PROGRAMMES
DE
L'ENSEIGNEMENT DE L'HISTOIRE
ET DE LA GÉOGRAPHIE
DANS LES LYCÉES,

PRESCRITS PAR ARRÊTÉ DE M. LE MINISTRE DE L'INSTRUCTION PUBLIQUE
DU 12 AOUT 1857.

Classe de cinquième.

GÉOGRAPHIE GÉNÉRALE DE L'EUROPE
ET
DE L'AFRIQUE MODERNE.

Questions		Pages
1-2. France		1-5
3. Grande Bretagne		25
4. Belgique, Pays Bas, États scandinaves	Situation et limites; grandes divisions territoriales; capitales, principales villes; population; possessions hors d'Europe et colonies.	29
5. Confédération Germanique		44
6. Prusse et Autriche		54
7. Suisse et Etats italiens		65
8. Espagne et Portugal		74
9. Grèce et Turquie		80
10. Russie		59
11. PREMIÈRE PARTIE : Géographie politique de l'Afrique septentrionale, correspondant à l'Afrique connue des anciens.		87
DEUXIÈME PARTIE : Géographie politique des autres contrées de l'Afrique		98

EXTRAIT DES PROGRAMMES

ANNEXES

AU RÈGLEMENT SUR L'EXAMEN DU BACCALAURÉAT ÈS LETTRES

ARRÊTÉ PAR M. LE MINISTRE DE L'INSTRUCTION PUBLIQUE
LE 3 AOUT 1857.

GÉOGRAPHIE (1)

Questions	Pages
3. Asie, Afrique, Amerique du Nord et Amerique du Sud, Océanie : Limites. — Mers et îles principales. — Montagnes et fleuves. (Voir cahiers de sixieme et de seconde.)	
Afrique, etc.. Principaux États. — Population.	87-98
(Pour les Etats et populations des autres parties du monde, voir cahiers de sixieme et de seconde.)	
5. Grandes divisions de l'Europe d'après les races et les religions. — Langues principales. (Voir cahier de troisieme.)	
Principaux Etats. — Leur situation. — Capitales (voir les sommaires de ce cahier).	1-5-25-29 39-44-54-65-74-80
Population de l'Europe. (Voir cahiers de troisième et de quatrieme.)	
7. *États du Nord de l'Europe Situation et limites. — Capitales. — Gouvernements. — Population.*	25-29
8. *Etats du Centre de l'Europe : Situation et limites. — Capitales — Gouvernements. — Population*	1 44-54
9. *Etats de l'Est de l'Europe · Situation et limites. — Capitales. — Gouvernements. — Population.*	59-80

---

(1) Nous rappelons que la necessité de nous conformer aux indications du programme d'enseignement pour la classe à laquelle ce livre est destiné, nous a fait une loi de laisser en dehors de nos developpements dans ce cahier tout ce qui n'était pas indiqué pour la classe de cinquième. En conséquence, une partie seulement des questions du baccalaureat ci-dessus rapportées (celle indiquee en *italique*) se trouve traitée dans les chapitres de ce cahier ; des renvois font connaître les cahiers où l'on trouvera la partie des questions qui n'est pas traitée ici.

Questions	Pages
10. États du Midi de l'Europe Situation et limites. — Capitales. — Gouvernements. — Population	63-74
16 Bassins de la Seine, de la Loire, de la Garonne et du Rhône. — Bassins de l'Escaut, de la Meuse et du Rhin (partie française)	5
18. Ancienne division de la France en provinces et division actuelle en départements. — Concordance des deux divisions	21
19 Algérie et colonies françaises dans les différentes parties du monde · Situation, limites, montagnes et rivières. — Religions. — Villes principales. — Production et commerce	3

(Pour plus de détails sur les questions 7, 8, 9 et 10 voir le cahier de troisieme, et pour les n°ˢ 16, 18 et 19 voir le cahier de rhetorique.)

EXTRAIT DES PROGRAMMES

ANNEXÉS

AU RÈGLEMENT SUR L'EXAMEN DU BACCALAURÉAT ÈS SCIENCES

ARRÊTÉ PAR M. LE MINISTRE DE L'INSTRUCTION PUBLIQUE
LE 3 AOUT 1857.

GÉOGRAPHIE (1).

Questions		Pages
9.	*Europe.* — Géographie politique (voir les sommaires de ce cahier)............	1-25 29 39-44-54-63-74-80
10.	*France.* — Géographie physique. Limites, latitudes et longitudes extrêmes : tracé du contour, ligne de partage des eaux. — Chaînes de montagnes. — Division de la France en versants et bassins........	2
17.	*France.* — Géographie politique : Division en départements ; origine et but de cette nouvelle division. — Situation respective des départements. — Chefs-lieux. — Concordance des deux divisions en provinces et départements	3
19.	*Colonie française de l'Algérie* : Situation et limites. — Chaînes de montagnes et rivières principales. — Races principales. — Religions........	4
20.	*Colonies françaises dans les différentes parties du monde :* Situation. — Villes principales. — Productions, commerce........	4

(Pour plus de détails voir le cahier de rhétorique.)

---

(1) Voir l'observation ci-dessus p. II.

CLASSE DE CINQUIÈME.

GÉOGRAPHIE GÉNÉRALE DE L'EUROPE
ET
DE L'AFRIQUE MODERNE.

CHAPITRE PREMIER.

DIVISIONS DE L'EUROPE.

FRANCE.

SOMMAIRE.

1. L'Europe se divise en 16 parties principales : 4 au Nord : les Iles Britanniques, le Danemark, la Suède et Norwége, la Russie ; 7 au milieu : la France, la Suisse, les Pays-Bas, la Belgique, la Confédération germanique, la Prusse, l'Autriche ; et 5 au Sud : l'Espagne, le Portugal, l'Italie, la Turquie et la Grèce.
2. La France est située à l'O. de l'Europe ; elle est bornée : au N par la Prusse Rhénane, la Belgique et le Pas-de-Calais ; au N. O. par la Manche ; à l'O. par l'Atlantique ; au S. par les Pyrénées et la Méditerranée ; à l'E. par le Var, les Alpes, le Rhône, le Jura et le Rhin.
3. La France se divisait jadis en 40 gouvernements, qui ont été fondus en 86 départements, et que l'on peut répartir en 3 grandes régions, savoir : 1° le Nord, qui comprenait 14 des anciens gouvernements et forme 23 départements ; 2° le Centre, comprenant 18 gouvernements et 35 départements ; et 3° le Midi, comprenant 8 gouvernements et 28 départements.
4. La population est de plus de 36 millions d'habitants, catholiques pour la majorité. Le gouvernement est un empire représentatif. Le climat est tempéré. Les produits sont riches et nombreux.
5. Les colonies françaises sont : 1. En Afrique, l'Algérie, capitale Alger, villes principales Constantine et Oran ; le Sénégal, chefs-lieux Saint-Louis et Gorée ; l'île de la Reunion, chef lieu Saint-Denis, et les petites îles de Sainte-Marie, Mayotte et Nossibeh. — II En Asie, les comptoirs de Mahé, Karikal, Pondichery chef-lieu, Yanaon et Chandernagor. — III En Amérique, aux Antilles, la Guadeloupe, chef lieu la Basse Terre ; la Martinique, chef-lieu Fort-de-France, capitale des établissements, la Désirade, Marie-Galande et la moitié de Saint-Martin ; Saint-Pierre et Miquelon, près de

Terre-Neuve; la Guyanne française, capitale Cayenne, dans l'Amerique du Sud. — Dans l'Océanie, les îles Marquises, Wallis, Gambier et la Nouvelle-Caledonie.

1. DIVISIONS DE L'EUROPE. — L'Europe dont nous avons donné rapidement la Géographie physique (classe de sixième n°' 30 et suiv.), se divise en seize parties principales, dont quatre au nord, sept au milieu et cinq au sud.

Les quatre au nord sont : 1° les *Iles Britanniques*; 2° le *Danemark*; 3° la *Suède* avec la *Norwége*; 4° la *Russie d'Europe* avec la *Pologne*.

Les sept au milieu sont : 1° la *France*; 2° la *Confédération Suisse*; 3° les *Pays-Bas*; 4° la *Belgique*; 5° les *États de la Confédération Germanique*; 6° la *Prusse*; 7° l'*Autriche*.

Les cinq au sud sont : 1° l'*Espagne*; 2° le *Portugal*; 3° l'*Italie*; 4° la *Turquie d'Europe*; 5° la *Grèce*.

Nous les étudierons successivement dans l'ordre indiqué par les numéros du Programme ministériel reproduit (p. 1) et en commençant par la France.

FRANCE (1).

2. SITUATION ET LIMITES. — La France, le pays le plus occidental de l'Europe centrale, est bornée, au N., par le grand-duché du Bas-Rhin ou Prusse Rhénane, la Belgique et le Pas-de-Calais; au N. O., par la Manche; à l'O., par l'Océan Atlantique; au S., par les Pyrénées, qui la séparent de l'Espagne, et par la Méditerranée; à l'E, par le Var, les Alpes et le Rhône, qui la séparent des États Sardes, par le Jura et le Rhin, qui la séparent de la Suisse et de l'Allemagne.

3. GRANDES DIVISIONS TERRITORIALES. — La France étant le plus compacte des grands États européens, ne comporte pas d'autre division territoriale que celle qui est naturellement formée par les bassins des fleuves et rivières qui l'arrosent (*voir* chap. II).—On peut cependant répartir les divisions administratives qui y ont été établies en trois grandes régions, savoir : 1° région du *Nord*, 2° celle du *Centre*, 3° celle du *Midi*.

Avant l'année 1790, la France était divisée administrative-

---

(1) La geographie de la France etant etudiee avec de grands details dans une autre partie du cours, nous ne la donnerons ici que d'une manière fort abregee.

Voir pour cette etude, dans l'atlas de M. Ansart, la carte de la FRANCE PAR DEPARTEMENTS.

ment en 40 gouvernements, dont 32 grands et 8 petits; ces derniers étaient enclavés dans les grands, à l'exception du huitième, formé par l'île de Corse, située dans la Méditerranée. Aujourd'hui la France est divisée en 86 départements, qui ont pris leurs noms des rivières qui les traversent, des fontaines, montagnes ou rochers qui s'y trouvent, et des mers qui en baignent les côtes.

La région du Nord comprenait 14 des gouvernements anciens dont 8 grands et 6 petits, lesquels forment aujourd'hui 23 départements. — Le Centre qui comprenait 18 gouvernements anciens, dont un seul petit, forme aujourd'hui 35 départements. — Le Midi enfin qui comprenait 8 gouvernements, dont un petit, forme actuellement 28 départements.

4. POPULATION. RELIGION. GOUVERNEMENT. NOTIONS DIVERSES. — La population de la France d'après le dernier recensement est de plus de 36 millions d'habitants.

La religion catholique est celle de l'immense majorité des Français; les provinces de l'E. et du S. renferment un assez grand nombre de protestants. La France est un empire héréditaire dont le chef a la plénitude du pouvoir exécutif et participe au pouvoir législatif. Les grands corps de l'État sont *le Sénat*, gardien de la Constitution; *le Corps législatif*, qui vote les lois, et *le Conseil d'État*, qui les prépare et domine l'administration.

Le climat de la France est généralement tempéré, et l'air pur et salubre. Les régions du N. O., plus humides et plus froides que le reste de la France, sont, presque partout, d'une grande fertilité en grains de toute espèce; elles abondent en excellents pâturages qui nourrissent de superbes bestiaux; mais elles ne produisent pas de vin; il y est remplacé par la bière et le cidre. Les contrées de l'est et du sud fournissent les meilleurs vins d'Europe, connus sous les noms de *Champagne*, de *Bourgogne* et de *Bordeaux*. Le sud-est, abrité par les montagnes contre les vents froids du N., et humides de l'O. et du N. O., voit mûrir les fruits des pays chauds, tels que l'olive, l'orange, le citron, la grenade, etc. — On trouve en France des mines de fer, de plomb, de cuivre et de charbon. L'industrie de ses habitants leur a fourni les moyens d'égaler et même de surpasser les produits des manufactures des pays étrangers; les draps, les tapis, les porcelaines, les soieries y ont surtout atteint une grande supériorité.

5. POSSESSIONS HORS D'EUROPE ET COLONIES. — La France, outre son territoire européen, possède dans les autres parties du monde des contrées qui, sous le nom de *colonies*, lui servent à faire connaître et respecter sa puissance par des États éloignés et à étendre ses relations commerciales pour l'écoulement des produits de son industrie. Ces colonies sont répandues en Afrique, en Asie, en Amérique et en Océanie.

I. Les colonies d'Afrique sont :

1° L'ALGÉRIE, la plus considérable de toutes les possessions françaises. Elle se divise en trois provinces qui portent le nom de leur chef-lieu, savoir : ALGER, au milieu, capitale de la colonie, avec de magnifiques établissements militaires et maritimes ; elle possède aussi un évêché, une cour impériale et un lycée (70,000 hab.) — *Constantine*, à l'E., ville très-forte sur le Rummel ; — et *Oran*, à l'O., au bord de la Méditerranée, dans une situation pittoresque, voisine de *Mers-el-Kebir*, qui lui sert de port. Les trois provinces contiennent en outre un grand nombre d'autres villes que la colonisation tend chaque jour à développer.

Cette colonie, traversée de l'O. à l'E. par la chaîne de l'*Atlas* et arrosée par le *Chelif*, la *Seybouse*, l'*Oued-el-Kebir*, la *Macta*, etc., se divise naturellement en deux parties : le *Tell*, contrée riche qui produit le blé, et le *Sahara*, pays où les eaux sont rares et qui ne produit naturellement que des pâturages. Le climat est celui du midi de la France, et les produits, qui tendent à augmenter rapidement sous les efforts des colons, sont, outre le blé et toutes les céréales, les riches cultures du coton, du tabac, du nopal qui produit la cochenille, etc. — La population est d'environ 2 millions et demi d'habitants, dont 160 mille Européens, appartenant pour la majorité à la religion catholique, et le reste composé des indigènes, Arabes, Turcs, etc., qui professent la religion mahométane.

2° Le *Sénégal*, comprenant les établissements formés vers l'embouchure du fleuve de ce nom et d'autres répartis sur divers points de la côte occidentale d'Afrique.

Ces établissements forment deux arrondissements, savoir : arrondissement de Saint-Louis, chef-lieu, SAINT-LOUIS, sur le Sénégal, capitale de la colonie. Cet arrondissement comprend la province du *Oualo*, conquise depuis 1854, et les divers comptoirs fortifiés de *Lamsar*, *Richard Toll*, *Merinaghen*, *Daghana*, *Bakel*, *Médine*, *Podor*, etc., sur le cours supérieur du fleuve.

L'arrondissement de Gorée, chef-lieu *Gorée*, dans une petite île, près du cap Vert, comprend, en outre, les comptoirs de *Grand-Bassan*, d'*Assinie* et du *Gabon*, situés plus au sud, à l'entrée du N. O. du golfe de Guinée.

3° L'*Ile de la Réunion*, au S. E. de l'Afrique dans la mer des Indes ; chef-lieu *Saint-Denis* ; on y rattache les établissements de *Sainte-Marie*, de *Nossibeh* et de *Mayotte*, formés dans de petites îles voisines de Madagascar.

II. Les colonies en ASIE sont situées dans l'Hindoustan ; ce sont : *Mahé*, sur la côte de Malabar ; *Karikal*, sur celle de Coromandel; au N. de celle-ci, sur la même côte, est *Pondichéry*, capitale des établissements français; *Yanaon*, et enfin *Chandernagor*, sur l'Hougly.

III. Les colonies en Amérique sont : dans les Antilles, *la Guadeloupe*, dont la *Basse-Terre* est la capitale. — *La Martinique*, capitale, *Port-de-France*, résidence du gouverneur des Antilles, et les petites îles de *la Désirade*, de *Marie-Galande*, et *Saint-Martin*, laquelle appartient pour moitié aux Hollandais. — Les îles de *Saint-Pierre* et de *Miquelon*, situées près du banc de Terre-Neuve. — La *Guyane française*, située dans l'Amérique du S., dont les villes principales sont *Cayenne*, chef-lieu de la colonie, et *Sinamary*.

IV. Dans l'Océanie la France possède : les îles *Marquises*, les îles de la *Société*. Papeïti, situé dans l'île de Tahiti, est la résidence du gouverneur; les îles *Wallis* et *Gambier*, et enfin la *Nouvelle-Calédonie*, plus à l'O., non loin de l'Australie.

QUESTIONNAIRE. — 1. En combien de parties divise-t-on l'Europe? — Combien sont contenues dans le Nord? — Combien sont situées au Centre et combien au Midi? — 2. Quelles sont la situation et les limites de la France? — 3. Comment peut-on diviser la France? — Quelle était son ancienne division administrative? — Quelle est celle en usage aujourd'hui? — Indiquez le nombre de provinces et le nombre de départements compris dans chacune des grandes divisions de la France. — 4. Quelle est la population de la France? — Quels sont la religion et le gouvernement? — Faites connaître le climat et les productions de la France — 5. Dans quelles contrées la France possède-t-elle des colonies? — Quelles sont les colonies d'Afrique? — Quelles sont la division et les villes principales de l'Algérie? — Quels sont sa population et ses produits? — Quelles sont les colonies en Asie... en Amérique... en Océanie?

CHAPITRE DEUXIÈME.

FRANCE PAR BASSINS.

CAPITALE. — VILLES PRINCIPALES.

SOMMAIRE

6. La France se divise en 5 bassins fluviaux, ceux : du Rhin au N. E., de la Seine au N. O., de la Loire au centre, de la Gironde au S. O. et du Rhône au S E. — Ils renferment chacun plusieurs bassins secondaires. — On compte en outre un certain nombre de bassins côtiers

7. Le bassin du Rhin comprend 2 départements : — 1° *Haut-Rhin*, chef-lieu Colmar, — 2° *Bas-Rhin*, ch -l. Strasbourg.

8. Le bassin de la Moselle comprend 3 départements —1° *Vosges*, ch -l. Epinal; — 2° *Meurthe*, ch -l. Nancy; 3° *Moselle*, ch.-l. Metz.

9. Le bassin de la Meuse comprend 2 départements — 1° *Meuse*, ch.-l. Bar-le-Duc; — 2° *Ardennes*, ch.-l. Mézières.

10. Le bassin de l'Escaut, 2 départements : — 1° *Nord*, ch l. Lille; — 2° *Pas-de-Calais*, ch.-l. Arras.

11. Le bassin de la Somme comprend 1 département : — *Somme*, ch -l. Amiens.

12. Le bassin de la Seine se divise en bassin de la Seine proprement dit et bassins secondaires de la Marne, de l'Oise, de l'Yonne et de l'Eure Le bassin de la Seine proprement dit comprend 6 départements : — 1° *Aube*, ch -l. Troyes; — 2° *Seine-et-Marne*, ch -l. Melun; — 3° *Seine-et-Oise*, ch.-l. Versailles; — 4° *Seine*, ch -l. Paris; — 5° *Seine-Inférieure*, ch.-l. Rouen; — 6° *Eure*, ch -l. Evreux.

13. Le bassin de la Marne comprend 2 départements : — 1° *Haute-Marne*, ch.-l. Chaumont; — 2° *Marne*, ch -l. Châlons-sur-Marne.

14. Le bassin de l'Oise, 2 départements — 1° *Aisne*, ch.-l. Laon; — 2° *Oise*, ch.-l. Beauvais.

15. Le bassin de l'Yonne, 1 département : — *Yonne*, ch -l. Auxerre.

16. Le bassin de l'Eure, 1 département : — *Eure-et-Loire*, ch.-l. Chartres.

17. Le bassin de l'Orne, 2 départements : — 1° *Orne*, ch.-l. Alençon; — 2° *Calvados*, ch.-l. Caen.

18. Le bassin de la Vire, 1 département : — *Manche*, ch -l. Saint-Lô.

19. Le bassin de la Vilaine, 1 département : — *Ille-et-Vilaine*, ch -l. Rennes.

20. Les bassins côtiers de l'ancienne Bretagne comprennent 3 départements : — 1° *Finistère*, ch.-l Quimper; — 2° *Côtes-du-Nord*, ch.-l. Saint-Brieuc; — 3° *Morbihan*, ch -l. Vannes.

21. Le bassin de la Loire proprement dit comprend 8 départements : — 1° *Haute-Loire*, ch -l. le Puy; — 2° *Loire*, ch.-l. Saint-Etienne; — 3° *Nièvre*, ch.-l. Nevers; — 4° *Loiret*, ch.-l. Orléans; — 5° *Loir-et-Cher* ch.-l. Blois; 6° *Indre-et-Loire*, ch.-l. Tours; — 7° *Maine-et-Loire*, ch.-l. Angers; — 8° *Loire-Inférieure*, ch.-l. Nantes.

22. Le bassin de l'Allier comprend 2 départements : — 1° *Puy-de-Dôme*, ch.-l. Clermont; — 2° *Allier*, ch -l Moulins.

23. Le bassin du Cher, 1 département : — *Cher*, ch -l. Bourges.

24. Le bassin de l'Indre, 1 département : — *Indre*, ch.-l. Châteauroux.

25. Le bassin de la Vienne, 3 départements : — 1° *Haute-Vienne*, ch -l. Limoges; — 2° *Vienne*, ch -l. Poitiers; — 3° *Creuse*, ch -l. Guéret.

26. Le bassin de la Maine, 2 départements : — 1° *Mayenne*, ch.-l. Laval; — 2° *Sarthe*, ch.-l. le Mans.

27. Le bassin des Deux-Sèvres, 2 départements · 1° *Vendée*, ch.-l. Napoléon-Vendée; — 2° *Deux-Sèvres*, ch.-l. Niort.

28. Le bassin de la Charente, 2 départements : — 1° *Charente*, ch.-l. Angoulême; — 2° *Charente-Inférieure*, ch -l. la Rochelle.

29. Le bassin de la Gironde, formé de ceux de la Dordogne et de la Garonne, comprend : Le bassin de la Dordogne, 3 départements : — 1° *Cantal*, ch.-l. Aurillac; — 2° *Corrèze*, ch.-l. Tulle; — 3° *Dordogne*, ch.-l. Périgueux.

30. Le bassin de la Garonne, 7 départements : — 1° *Haute-Garonne*, ch.-l. Toulouse; — 2° *Ariège*, ch -l. Foix; — 3° *Tarn-et-Garonne*, ch.-l. Montauban ; — 4° *Gers*, ch.-l. Auch; — 5° *Lot*, ch -l. Cahors; — 6° *Lot-et-Garonne*, ch -l. Agen; — 7° *Gironde*, ch -l. Bordeaux. — Le bassin du Tarn, 3 départements : — 1° *Lozère*, ch.-l. Mende; — 2° *Aveyron*, ch -l. Rodez; — 3° *Tarn*, ch.-l. Alby.

31. Bassin de l'Adour, 3 départements : — 1° *Hautes-Pyrénées*, ch.-l. Tarbes ; — 2° *Basses-Pyrénées*, ch.-l. Pau ; — 3° *Landes*, ch.-l. Mont-de-Marsan.
32. Le bassin de la Tet, 1 département : — *Pyrénées-Orientales*, ch.-l. Perpignan.
33. Le bassin de l'Aude, 1 département : — *Aude*, ch.-l. Carcassonne.
34. Le bassin de l'Hérault, 1 département : — *Hérault*, ch.-l. Montpellier
35. Le bassin du Rhône proprement dit comprend 8 départements : — 1° *Ain*, ch.-l. Bourg ; — 2° *Rhône*, ch.-l. Lyon ; — 3° *Ardèche*, ch.-l. Privas ; — 4° *Gard*, ch.-l. Nîmes ; — 5° *Isère*, ch.-l. Grenoble ; — 6° *Drôme*, ch.-l. Valence ; — 7° *Vaucluse*, ch.-l. Avignon ; — 8° *Bouches-du-Rhône*, ch.-l. Marseille.
36. Le bassin secondaire de la Saône comprend 5 départements : — 1° *Haute-Saône*, ch.-l. Vesoul ; — 2° *Côte-d'Or*, ch.-l. Dijon ; — 3° *Saône-et-Loire*, ch.-l. Mâcon ; — 4° *Doubs*, ch.-l. Besançon ; — 5° *Jura*, ch.-l. Lons-le-Saulnier.
37. Le bassin secondaire de la Durance comprend 2 départements : — 1° *Hautes-Alpes*, ch.-l. Gap ; — 2° *Basses-Alpes*, ch.-l. Digne.
38. Le bassin du Var forme 1 département : — *Var*, ch.-l. Draguignan.
39. La Corse forme 1 département : *Corse*, ch.-l. Ajaccio.
40. Tableau des départements comparés aux anciennes provinces.

6. DIVISIONS DE LA FRANCE PAR BASSINS. — La France se divise en 5 grands bassins fluviaux, savoir : le bassin du *Rhin* au N. E., celui de la *Seine* au N. O., celui de la *Loire* au Centre, celui de la *Gironde* au S. O. et celui du *Rhône* au S. E.

A chacun de ces grands bassins se rattache un certain nombre de bassins secondaires formés par les plus importants affluents de ces fleuves. — Il existe en outre un certain nombre de *bassins côtiers* ; on nomme ainsi le bassin des rivières qui se jettent directement à la mer et qui n'ayant qu'un cours peu considérable, n'arrosent que des pays voisins de la mer.

Nous allons successivement indiquer les départements compris dans chaque bassin en commençant par le N. E.

7. DÉPARTEMENTS COMPRIS DANS LE BASSIN DU RHIN. — Le bassin du Rhin comprend, outre celui du Rhin, les bassins secondaires de la *Moselle* et de la *Meuse*. — Le bassin du Rhin proprement dit forme deux départements, savoir :

Celui du BAS-RHIN, au N. — Chef-lieu, STRASBOURG, ville très-forte, sur l'Ill, à peu de distance de son embouchure dans le Rhin ; évêché, cour impériale ; ancienne capitale de l'Alsace. — Ce département compte 3 sous-préfectures, *Schlestadt*, *Saverne* et *Wissembourg*.

Celui du HAUT-RHIN, au S. du précédent. — Chef-lieu, COLMAR, sur l'Ill, cour impériale. — 2 sous-préfectures, *Altkirch* et *Béfort*, place forte. — Ville remarquable, *Mulhouse*, fameuse par ses fabriques de toiles peintes.

8. BASSIN SECONDAIRE DE LA MOSELLE. — Il comprend trois départements, savoir :

Celui de la Moselle, au N. — Chef-lieu, Metz, sur la Moselle; évêché, place forte, cour impériale. — 3 sous-préfectures : *Thionville, Sarreguemines*, place forte, et *Briey*.

Celui de la Meurthe, au S. du précédent.—Chef-lieu, Nancy, sur la Meurthe; cour impériale, évêché; ancienne capitale de la Lorraine. — 4 sous-préfectures : *Toul, Château-Salins*, qui tire son nom de ses salines; *Lunéville* et *Sarrebourg.*

Celui des Vosges, au S. du précédent. — Chef-lieu, Épinal, sur la Moselle. — 4 sous-préfectures : *Saint-Dié*, évêché, *Mirecourt, Remiremont* et *Neufchâteau*, au N.-O. de laquelle se trouve *Domremy*, village où naquit Jeanne d'Arc. — Ville remarquable, *Plombières*, renommée par ses bains chauds naturels.

9. Bassin secondaire de la Meuse. — Il comprend deux départements, savoir :

Celui des Ardennes, au N. — Chef-lieu, Mézières, sur la Meuse, ville bien fortifiée et unie par un pont avec *Charleville*, siége de la Cour d'assises, ville construite régulièrement. — 4 sous-préfectures : *Sedan*, renommée par ses draps, et patrie de Turenne ; *Rocroy*, où le grand Condé, alors duc d'Enghien, remporta, le 19 mai 1643, une brillante victoire sur les Espagnols ; *Rethel* et *Vouziers*.

Celui de la Meuse, à l'O. — Chef-lieu, Bar-le-Duc, sur l'Ornain. — 3 sous-préfectures : *Montmédy, Verdun*, évêché, et *Commercy*, place forte.

10. Bassin côtier de l'Escaut. — Il comprend deux départements, savoir :

Le département du Nord. — Chef-lieu, Lille, ancienne capitale de la Flandre française, l'une des plus fortes places de la France; défendue, en 1792, par le courage de ses habitants, contre les Autrichiens, qui la bombardèrent pendant huit jours (79,000 habitants). — 6 sous-préfectures : *Douai*, cour impériale ; *Dunkerque*, port sur la mer du Nord, patrie du fameux marin Jean Bart ; *Cambrai*, archevêché, ville forte, qui a eu Fénelon pour évêque; *Valenciennes, Avesnes* et *Hazebrouck*.— Lieux remarquables : *Cassel*, situé sur une montagne, d'où l'on aperçoit trente-deux villes, et qui a donné son nom à trois grandes batailles ; — *Bouvines*, célèbre par la victoire qu'y remporta Philippe-Auguste en 1214;—*Malplaquet*, où le prince Eugène et Marlborough gagnèrent, en 1709, la bataille qui força Louis XIV à demander la paix ; — *Denain*, où Villars sauva la France en 1712.

Celui du Pas-de-Calais, au S. O. — Chef-lieu, Arras, ancienne capitale de l'Artois, évêché; ville forte. — 5 sous-préfectures : *Boulogne*, port sur le Pas-de-Calais; *Saint Omer*, place forte, au S. de laquelle se trouve le village d'*Azincourt*, où les Français perdirent une grande bataille contre les Anglais, en 1415, sous le règne de Charles VI; *Béthune, Saint-Pol* et *Montreuil*. — Villes remarquables : *Calais*, port sur le détroit auquel elle donne son nom; *Lens*, au N. d'Arras, célèbre par la victoire que le duc d'Enghien, qui fut depuis le grand Condé, remporta dans ses plaines, sur les Espagnols, en 1648.

11. Bassin côtier de la Somme. — Il ne comprend qu'un seul département, celui de la Somme.—Chef-lieu, Amiens, sur la Somme; évêché, cour impériale. — 4 sous-préfectures : *Péronne*, ville très-forte, au milieu de marais formés par la Somme; *Abbeville*, sur la même rivière; *Montdidier*, patrie de Parmentier, qui a introduit en France la culture de la pomme de terre; *Doullens*, au N.-O. sur l'Authie. — Lieu remarquable : *Crécy*, où Philippe de Valois perdit, en 1346, contre Édouard III, roi d'Angleterre, une funeste bataille qui coûta aux Français plus de soixante mille hommes.

12. Bassin de la Seine. — Le bassin de la Seine se compose du *bassin de la Seine proprement dit* et de *4 bassins secondaires*, savoir : ceux de la *Marne* et de l'*Oise* sur la rive droite, et ceux de l'*Yonne* et de l'*Eure* sur la rive gauche. — Le bassin de la Seine proprement dit comprend 6 départements, savoir :

Celui de l'Aube, qui doit son nom à la rivière qui s'y réunit à la Seine. — Chef-lieu, Troyes, sur la Seine, évêché; ancienne capitale de la Champagne. — 4 sous-préfectures : *Arcis-sur-Aube, Bar-sur-Aube, Bar-sur-Seine, Nogent-sur-Seine.*

Celui de Seine-et-Marne, à l'O. du précédent. — Chef-lieu, Melun, sur la Seine. — 4 sous-préfectures : *Meaux*, sur la Marne, évêché, qui a eu Bossuet pour évêque; *Fontainebleau*, célèbre par son magnifique château et par sa forêt; *Coulommiers* et *Provins*.

Celui de Seine-et-Oise, à l'O. du précédent. — Chef-lieu, Versailles, évêché, remarquable par le magnifique château bâti par Louis XIV, lequel fut, jusqu'à la révolution, la résidence des rois. — 5 sous-préfectures : *Mantes (la Jolie)*, sur la Seine; *Pontoise, Corbeil, Étampes, Rambouillet*. — Lieux remarquables : *Saint-Cyr*, école militaire; *Saint-Germain* et *Saint-Cloud*, célèbres par leurs beaux châteaux; le premier a vu naître Louis XIV.

Celui de la Seine, enclavé dans Seine-et-Oise. — Chef-lieu, PARIS, sur la Seine. Cette ville, l'une des plus belles et des plus considérables du monde, est le siége du gouvernement, résidence de l'Empereur, du sénat, du corps législatif, du conseil d'État et de la cour de cassation; elle possède un archevêché, une cour impériale, et un nombre considérable de grands établissements scientifiques et artistiques. Sa population est de près de 1,200,000 habitants.—2 sous-préfectures : *Saint-Denis*, célèbre par son antique abbaye, dont l'église servait de sépulture aux rois de France; *Sceaux*, où se tient l'un des grands marchés de bestiaux pour l'approvisionnement de la capitale.

Celui de la Seine-Inférieure, au N. O. — Chef-lieu, Rouen, à l'O., sur la Seine, archevêché, cour impériale; ville ancienne, et l'une des plus importantes de la France par son commerce et par sa population; patrie des deux Corneille et de Fontenelle (105,000 hab.).—4 sous-préfectures : *Dieppe* et le *Havre*, ports sur la Manche; le dernier, fort important, à l'embouchure de la Seine; *Yvetot*, dont les seigneurs paraissent avoir porté le titre de rois, vers l'an 538; *Neufchâtel*. — Ville remarquable : *Elbeuf*, célèbre par ses draps.

Celui de l'Eure, au S. du précédent. — Chef-lieu, Évreux, évêché. — 4 sous-préfectures : *les Andelys*, *Bernay*, *Pont-Audemer* et *Louviers*, renommé pour ses draps. — Lieu remarquable : le bourg d'*Ivry*, dans les plaines duquel Henri IV vainquit le duc de Mayenne, en 1590.

13. Bassin de la Marne. — Il comprend deux départements, savoir :

Celui de la Haute-Marne, au S. du département de la Meuse. — Chef-lieu, Chaumont *en Bassigny*, sur la Marne. — 2 sous-préfectures : *Langres*, évêché, qui possède de belles antiquités, et *Vassy*.

Celui de la Marne, au N. O. du précédent. — Chef-lieu, Châlons-sur-Marne. — 4 sous-préfectures : *Reims*, sur la Vesle, archevêché; ville très-ancienne, où se faisait le sacre des rois de France, et la plus importante du département; *Épernay*, célèbre par ses vins; *Sainte-Menehould* et *Vitry-le-Français*.

14. Bassin de l'Oise. — Il comprend 2 départements, savoir :

Celui de l'Aisne, au N. E. — Chef-lieu, Laon, sur une montagne. — 4 sous-préfectures : *Saint-Quentin*, sur la Somme, à l'endroit où elle reçoit le canal du même nom, ville très-industrieuse; *Soissons*, évêché; ville très-ancienne où Clovis fixa le siége de son empire, après y avoir vaincu Syagrius, en 486;

Château-Thierry, patrie du bon La Fontaine; *Vervins*. — Lieu remarquable : *la Ferté-Milon*, patrie de Racine.

Celui de l'Oise, au S. O. du précédent. — Chef-lieu, Beauvais, évêché, patrie de l'illustre Jeanne Hachette; cette femme se couvrit de gloire en défendant la ville contre Charles le Téméraire, qui l'assiégeait à la tête de 80 mille hommes, en 1472. — 3 sous-préfectures : *Compiègne*, sur l'Oise, avec un château impérial et une belle forêt; *Clermont* et *Senlis*.

15. Bassin de l'Yonne. — Il comprend le département de l'Yonne, le plus méridional de tout le bassin de la Seine; — chef-lieu, Auxerre, sur l'Yonne. — 4 sous-préfectures : *Sens*, archevêché; *Joigny*, *Tonnerre*, *Avallon*, fameuses par leurs vins.

16. Bassin de l'Eure. — Il comprend, au moins en partie, le département d'Eure-et-Loir, au N. O.; il renferme l'ancienne *Beauce*, célèbre par sa fertilité. — Chef-lieu, Chartres, sur l'Eure, évêché, avec une cathédrale remarquable. Henri IV y fut sacré en 1591. — 3 sous-préfectures : *Dreux*, remarquable par la bataille de 1562; *Châteaudun* et *Nogent-le-Rotrou*.

17. Bassin côtier de l'Orne. — Il comprend 2 départements, savoir :

Celui de l'Orne, à l'O. du précédent. — Chef-lieu, Alençon, sur la Sarthe, remarquable par ses dentelles. — 3 sous-préfectures : *Mortagne*, *Argentan* et *Domfront*. — *Séez*, évêché.

Celui du Calvados, au N. du précédent. — Chef-lieu, Caen, sur l'Orne, cour impériale, patrie de Malherbe. — 5 sous-préfectures : *Lisieux*, fabrique de gros draps; *Bayeux*, évêché; *Falaise*, célèbre par la naissance de Guillaume le Conquérant, et par la foire de *Guibray*, qui se tient dans l'un de ses faubourgs; *Pont-l'Évêque* et *Vire*.

18. Bassin côtier de la Vire. — Il comprend le département de la Manche, à l'O., ainsi nommé de la mer qui en baigne les côtes. — Chef-lieu, Saint-Lô. — 5 sous-préfectures : *Cherbourg*, sur la Manche, beau port pour la marine de guerre, la ville la plus importante du département, préfecture maritime; *Coutances*, évêché; *Avranches*, au S., jolie ville, dans une charmante position; *Valognes* et *Mortain*.

19. Bassin côtier de la Vilaine. — Il comprend le département d'Ille-et-Vilaine, au S. O. du précédent. — Chef-lieu, Rennes, sur la Vilaine, cour impériale, évêché, ancienne capitale de la Bretagne. — 5 sous-préfectures : *Saint-Malo*, port sur la Manche; *Redon*, *Montfort*, *Vitré* et *Fougères*.

20. Bassins côtiers de la Bretagne. — L'ancienne pro-

vince de Bretagne forme plusieurs petits bassins côtiers et renferme 3 départements, savoir :

Celui du FINISTÈRE, ainsi nommé de sa position à l'extrémité la plus occidentale de la France. — Chef-lieu, QUIMPER, évêché. — 4 sous-préfectures : *Brest*, sur l'Océan, l'un des meilleurs et des plus beaux ports de l'Europe, et l'un des principaux arsenaux de la marine française, préfecture maritime (55,000 hab.); *Morlaix*, port commerçant; *Châteaulin* et *Quimperlé*. — Les îles d'OUESSANT, situées sur la côte de ce département, en font partie.

Celui des CÔTES-DU-NORD, à l'E. du précédent. — Chef-lieu, SAINT-BRIEUC. près de la mer, évêché. — 4 sous-préfectures : *Dinan, Guimgamp, Lannion* et *Loudéac*.

Celui du MORBIHAN, au S. du précédent. Il doit son nom à une espèce de golfe formé par l'Océan sur sa côte méridionale. — Chef-lieu, VANNES, près du Morbihan, évêché. — 3 sous-préfectures : *Lorient*, port à l'embouchure du Blavet, préfecture maritime; *Ploermel, Napoléonville (Pontivy)*. — Au S. O. de Vannes se trouve la presqu'île de *Quiberon*, rendue tristement célèbre, en 1795, par le débarquement d'un corps d'émigrés qui y fut anéanti. — Vis-à-vis de cette presqu'île se trouve BELLE-ILE, qui a 25 kilomètres de long sur 9 de large, et 10,000 habitants.

21. BASSIN DE LA LOIRE. — Ce bassin se compose du *bassin de la Loire proprement dit*, et de cinq bassins secondaires, savoir : ceux de l'*Allier*, du *Cher*, de l'*Indre*, de la *Vienne* sur sa rive gauche, et celui de la *Maine* sur sa rive droite.

Le bassin de la Loire proprement dit se compose de 8 départements, savoir :

Celui de la HAUTE-LOIRE. — Chef-lieu, LE PUY, près de la Loire, remarquable par sa fabrication de dentelles noires, évêché ; — 2 sous-préfectures : *Brioude*, dans l'ancienne Auvergne, et *Yssengeaux*.

Celui de la LOIRE, au N. du précédent. — Chef-lieu, SAINT-ETIENNE, sur le *Furens*, dont les eaux excellentes pour la trempe de l'acier ont rendu célèbre sa fabrique d'armes. Importantes manufactures de rubans de soie (94,000 habitants). Les environs fournissent beaucoup de charbon de terre. — 2 sous-préfectures : *Roanne*, sur la Loire, ville très-commerçante, et *Montbrison*, ancien chef-lieu.

Le département de la NIÈVRE, au N. du précédent. — Chef-lieu, NEVERS, sur la Loire, évêché, ancienne capitale de la province du Nivernais; — 3 sous-préfectures : *Cône*, fonderie de canons et d'ancres, et fabrique de coutellerie ; *Château-Chinon* et *Clamecy*.

Celui du LOIRET, au N. O. du précédent. — Chef-lieu, ORLÉANS, sur la Loire, ancienne capitale de l'Orléanais, cour impériale, évêché ; fameuse par deux siéges qu'elle soutint, le premier contre Attila, en 450, et le second, en 1428, contre les Anglais, que le courage de Jeanne d'Arc força à se retirer ; — 3 sous-préfectures : *Montargis*, *Gien* et *Pithiviers*.

Celui de LOIR-ET-CHER, au S. O. du précédent. — Chéf-lieu, BLOIS sur la Loire, que l'on y passe sur un beau pont ; évêché. Ce fut dans le château de cette ville que le duc et le cardinal de Guise furent assassinés, aux États qu'y avait convoqués Henri III en 1588 ; patrie du bon roi Louis XII ; — 2 sous-préfectures : *Romorantin* et *Vendôme*, célèbre par les princes qui ont porté son nom.

Le département d'INDRE-ET-LOIRE, au S. O. du précédent. — Chef-lieu, TOURS, dans une belle plaine, entre la Loire et le Cher, archevêché. A un kilomètre de cette ville se trouvait le château du *Plessis-lez-Tours*, où Louis XI passa les dernières années de sa vie ; — 2 sous-préfectures, *Chinon*, où Charles VII tint sa cour pendant l'occupation de la presque totalité de son royaume par les Anglais, et *Loches*.

Le département de MAINE-ET-LOIRE, a l'O. du précédent. — Chef-lieu, ANGERS, sur la Maine, formée un peu au-dessus par la réunion de la Sarthe avec la Mayenne, ancienne capitale de l'Anjou, cour impériale, évêché ; — 4 sous-préfectures : *Saumur*, sur la rive gauche de la Loire, école de cavalerie ; *Beaugé*, *Beaupréau*, *Segré*.

Celui de la LOIRE-INFÉRIEURE, à l'O. du précédent. — Chef-lieu, NANTES, sur la Loire, évêché, l'une des villes les plus considérables de France ; fameuse par l'édit qu'y donna Henri IV en faveur des calvinistes, en 1598, et qui fut révoqué par Louis XIV, en 1685 (109,000 habitants) ; — 4 sous-préfectures : *Paimbœuf*, *Savenay*, *Châteaubriant* et *Ancenis*. — On doit encore citer *Saint-Nazaire*, à l'embouchure de la Loire, port dont l'importance s'accroît rapidement.

22. BASSIN DE L'ALLIER. — Il comprend deux départements, savoir :

Celui du PUY-DE-DÔME, au S. — Chef-lieu, CLERMONT, évêché, près de la montagne qui donne son nom au département. Ce fut dans un concile qui s'y tint, en 1095, que fut résolue la première croisade ; patrie de Pascal ; — 4 sous-préfectures : *Riom*, cour impériale, au milieu de la plaine de la *Limagne d'Auvergne*, renommée par sa fertilité ; *Ambert, Thiers, Yssoire*.

Le département de l'ALLIER, au N. du précédent. — Chef-lieu, MOULINS, sur l'Allier, renommé par sa coutellerie, évêché ; — 3 sous-préfectures : *Gannat, La Palisse et Montluçon*. — *Vichy* et *Néris*, lieux remarquables par leurs eaux minérales, sont aussi dans ce département.

23. BASSIN DU CHER. — Il ne comprend que le département du CHER, au S. de celui du Loiret. — Chef-lieu, BOURGES, situé à peu près au centre de la France, archevêché, cour impériale, patrie de Louis XI ; — 2 sous-préfectures : *Sancerre*, fameuse par le siége qu'elle soutint en 1573 et 1574, contre le roi Charles IX, et pendant lequel la famine força les habitants à manger les animaux les plus immondes ; *Saint-Amand*.

24. BASSIN DE L'INDRE. — Il ne comprend que le département de l'INDRE, au S. O. du précédent. — Chef-lieu, CHATEAUROUX, sur l'Indre ; les forges des environs produisent le meilleur fer de France ; — 3 sous-préfectures : *Issoudun, La Châtre*, sur l'Indre ; *Le Blanc*.

25. BASSIN DE LA VIENNE. — Il comprend 3 départements, savoir :

Celui de la HAUTE-VIENNE, au S. du précédent. — Chef-lieu, LIMOGES, ancienne capitale du Limosin, cour impériale, évêché ; patrie du chancelier d'Aguesseau ; — 3 sous-préfectures : *Bellac, Rochechouart, Saint-Yrieix*.

Celui de la VIENNE, à l'O. du précédent. — Chef-lieu, POITIERS, cour impériale, évêché. — Près de cette ville se trouvent *Vouillé*, qui a donné son nom à la bataille dans laquelle Clovis défit et tua Alaric, roi des Visigoths, en 507, et *Maupertuis*, où se livra, en 1356, la funeste bataille où le roi Jean fut fait prisonnier par les Anglais ; — 4 sous-préfectures : *Châtellerault*, renommée pour sa coutellerie et sa fabrique d'armes blanches ; *Civray, Loudun, Montmorillon*.

Celui de la CREUSE, à l'O. de la Haute-Vienne. — Chef-lieu, GUÉRET, ancienne capitale de la Marche ; — 3 sous-préfectures : *Aubusson*, renommée pour ses manufactures de tapis ; *Bourganeuf* et *Boussac*.

26. BASSIN DE LA MAINE. — Il comprend deux départements, savoir :

Celui de la MAYENNE, à l'O. — Chef-lieu, LAVAL, sur la Mayenne, évêché, renommé par ses fabriques de toiles ; — 2 sous-préfectures : *Château-Gonthier* et *Mayenne*.

Celui de la Sarthe, à l'E. du précédent.—Chef-lieu, Le Mans, sur la Sarthe, évêché, ancienne capitale du Maine; — 3 sous-préfectures : *La Flèche*, sur le Loir, possède un magnifique collége fondé par Henri IV, en 1603; cet établissement est aujourd'hui affecté au Prytanée impérial, ou collége préparatoire à l'école militaire de *Saint-Cyr*; *Mamers* et *Saint-Calais*.

27. Bassin des Deux-Sèvres. — Il comprend 2 départements, savoir :

Celui de la Vendée, à l'O., fameux par les guerres dont ces contrées ont été le théâtre. — Chef-lieu, Napoléon-Vendée; — 2 sous-préfectures : *Les Sables-d'Olonne*, port sur l'Océan, et *Fontenay*. — *Luçon*, évêché. Les îles de Noirmoutiers et Dieu, situées sur la côte de ce département, en font aussi partie.

Celui des Deux-Sèvres, à l'E. du précédent. — Chef-lieu, Niort, sur la Sèvre-Niortaise; — 3 sous-préfectures : *Bressuire* et *Parthenay*, célèbres dans les guerres de la Vendée, et *Melle*.

28. Bassin côtier de la Charente. — Il comprend 2 départements, savoir :

Le département de la Charente, au S. E. du précédent. — Chef-lieu, Angoulême, évêché, sur une montagne, près de la Charente, renommée par ses eaux-de-vie; — 4 sous-préfectures : *Barbezieux*, *Confolens* et *Ruffec*. — Villes remarquables. *Cognac*, célèbre par ses eaux-de-vie. *Jarnac*, où Henri III remporta, en 1569, une victoire sur les calvinistes commandés par le prince de Condé, qui y fut tué par Montesquiou.

Le département de la Charente-Inférieure, à l'O. du précédent. — Chef-lieu, La Rochelle, port sur l'Océan, évêché, ancienne capitale du gouvernement d'Aunis, fameuse par le siége qu'y soutinrent les calvinistes, sous Louis XIII; — 5 sous-préfectures : *Saintes*, ancienne capitale de la Saintonge. Près de cette ville se trouve *Taillebourg*, célèbre par la victoire qu'y remporta, en 1242, sur les Anglais, saint Louis encore fort jeune; *Rochefort*, sur la Charente, à 20 kilomètres de son embouchure, l'un des principaux arsenaux maritimes; *Jonzac*, *Marennes* et *Saint-Jean-d'Angely*.— Les îles de Ré et d'Oléron, séparées par le *pertuis d'Antioche*, font aussi partie de ce département, sur la côte duquel elles sont situées.

29. Bassin de la Gironde. — La *Gironde*, formée de la réunion de la *Garonne* et de la *Dordogne*, écoule les eaux de ces deux rivières, ainsi que celles des 4 bassins secondaires de l'*Ariége*, du *Tarn*, du *Lot*, affluents de la rive droite de la Ga-

ronne, et du *Gers*, affluent de la rive gauche. — Le bassin de la Dordogne comprend trois départements, savoir :

Celui du CANTAL, au N. E. — Chef-lieu, AURILLAC ; — 3 sous-préfectures : *Saint-Flour*, évêché; *Murat* et *Mauriac*.

Celui de la CORRÈZE, au N. O. du précédent. — Chef-lieu, TULLE, sur la Corrèze, évêché ; — 2 sous-préfectures : *Ussel* et *Brives-la-Gaillarde*.

Celui de la DORDOGNE, à l'O. du précédent. — Chef-lieu, PÉRIGUEUX, sur l'Isle, évêché, ancienne capitale du Périgord ; — 4 sous-préfectures : *Bergerac* sur la Dordogne; *Nontron, Riberac* et *Sarlat*.

50. BASSIN DE LA GARONNE. — Le bassin de la Garonne, en y comprenant les bassins secondaires de l'Ariége, du Lot et du Gers, renferme 7 départements, et avec le bassin secondaire du Tarn, il en renferme trois autres.

1° Les sept premiers sont :

Celui de la HAUTE-GARONNE, au S. — Chef-lieu, TOULOUSE, à l'endroit où la Garonne reçoit le canal du Midi, ancienne capitale du Languedoc ; archevêché, cour impériale; ville très-ancienne, célèbre par son académie des Jeux floraux. Il s'y livra entre les Français et les Anglais, en 1814, une bataille sanglante et indécise (103 mille habit.) ; — 3 sous-préfectures : *Muret, Saint-Gaudens* et *Villefranche*.

Le département de l'ARIÉGE, au S. E. du précédent. — Chef-lieu, FOIX, sur l'Ariége ;— 2 sous-préfectures : *Pamiers*, évêché fort ancien, et *Saint-Girons*.

Celui de TARN-ET-GARONNE, au N. de celui de la Haute-Garonne. — Chef-lieu, MONTAUBAN, sur le Tarn, évêché ; prise par le cardinal Richelieu, en 1629, sur les calvinistes, dont elle était une des forteresses ; — 2 sous-préfectures : *Castel-Sarrazin* et *Moissac*.

Celui du GERS, au S. O. du précédent. — Chef-lieu, AUCH, sur le Gers ; archevêché, ancienne capitale de l'*Armagnac* et de toute la Gascogne ; — 4 sous-préfectures : *Lectoure, Lombez, Mirande* et *Condom*.

Celui du LOT, à l'E. des précédents. — Chef-lieu, CAHORS, sur le Lot; évêché, ancienne capitale du *Quercy*, patrie du poëte Clément Marot : prise d'assaut, en 1580, par Henri IV, alors roi de Navarre ; — 2 sous-préfectures : *Figeac* et *Gourdon*.

Celui de LOT-ET-GARONNE, au S. du précédent. — Chef-lieu, AGEN, sur la Garonne, cour impériale, évêché, ancienne capitale de l'*Agénois*; — 3 sous-préfectures : *Marmande, Nérac* et *Villeneuve-sur-Lot*.

Celui de la GIRONDE, au N. O. — Chef-lieu, BORDEAUX, sur la rive gauche de la Garonne, ancienne capitale de la *Guyenne*, archevêché, cour impériale, et l'un des ports les plus vastes et les plus commerçants de l'empire (150 mille habit.); — 5 sous-préfectures : *Blaye*, sur la Gironde, avec un fort important, *Bazas*, sur un rocher; *Libourne*, port commerçant sur la Dordogne; *La Réole* et *Lesparre*.

2° Les 3 départements du bassin secondaire du Tarn sont :

Celui de la LOZÈRE; au N. E., traversé par les montagnes de ce nom. — Chef-lieu, MENDE, sur le Lot, évêché; — 2 sous-préfectures : *Florac* et *Marvejols*.

Celui de l'AVEYRON, au S. O. du précédent. — Chef-lieu, RODEZ, près de l'Aveyron, évêché, ancienne capitale du *Rouergue*; — 4 sous-préfectures : *Espalion, Milhau, Sainte-Affrique* et *Villefranche*.

Celui du TARN, au S. O. du précédent.—Chef-lieu, ALBI, sur le Tarn, archevêché; — 3 sous-préfectures : *Castres*, sur l'Agout, prise par Louis XIII sur les protestants en 1629; *Gaillac* et *Lavaur*.

31. BASSIN CÔTIER DE L'ADOUR. — Il comprend 3 départements, savoir :

Celui des HAUTES-PYRÉNÉES, au S. du département du Gers. —Chef-lieu, TARBES, sur l'Adour; ancienne capitale du *Bigorre*. où se trouvent *Bagnères* et *Baréges*, célèbres par leurs eaux minérales; — 2 sous-préfectures : *Argelès* et *Bagnères-de-Bigorre*.

Le département des BASSES-PYRÉNÉES, au S. O. du précédent. — Chef-lieu, PAU, sur le Gave, ou rivière du même nom, cour impériale; patrie de Henri IV; — 4 sous-préfectures : *Bayonne*, port de mer très-commerçant à l'embouchure de l'Adour, évêché, *Mauléon, Oloron, Orthez*.

Celui des LANDES, au N. du précédent, ainsi appelé des *Landes* ou terres incultes qui couvrent une assez grande partie de son territoire, et que l'on commence à défricher. — Chef-lieu, MONT-DE-MARSAN; — 2 sous-préfectures : *Dax*, sur l'Adour, et *Saint-Sever*. Ville remarquable, *Aire*, évêché.

32. BASSIN CÔTIER DE LA TET. — Il comprend le département des PYRÉNÉES-ORIENTALES. — Chef-lieu, PERPIGNAN, sur la Tet, évêché, ancienne capitale du Roussillon, ville forte; — 2 sous-préfectures : *Céret, Prades*. — On cite encore : *Mont-Louis*, forteresse bâtie par Louis XIV, ancienne capitale de la Cerdagne française.

33. BASSIN CÔTIER DE L'AUDE.—Il comprend le département de l'AUDE, au N. E. du précédent. — Chef-lieu, CARCASSONNE, sur l'Aude, évêché; — 3 sous-préfectures : *Castelnaudary*, sur le canal du Midi; *Narbonne*, une des villes les plus considérables de la Gaule sous les Romains; *Limoux*.

54. BASSIN CÔTIER DE L'HÉRAULT. — Il comprend le département de l'HÉRAULT, au N. E. du précédent. — Chef-lieu, MONTPELLIER, sur une colline, à 9 kilom. de la mer; cour impériale, évêché; — 3 sous-préfectures : *Béziers*, dans une position si agréable qu'elle a fait dire que *si Dieu venait habiter la terre, c'est à Béziers qu'il se fixerait;* *Lodève*, patrie du cardinal de Fleury, et *Saint-Pons*. — On cite encore : *Lunel* et *Frontignan*, fameuses par leurs vins muscats; *Cette* et *Port-Vendres*, ports de mer importants.

55. BASSIN DU RHÔNE. — Ce bassin ce compose du *bassin du Rhône proprement dit* et des deux bassins secondaires de la Saône, sur la rive droite, et de la Durance, sur la rive gauche.

Le bassin du Rhône proprement dit comprend 8 départements, savoir :

1° Quatre départements sur la rive droite, qui sont :

Celui de l'AIN, à l'E. — Chef-lieu, BOURG, ancienne capitale de la *Bresse*, cédée par le duc de Savoie à Henri IV, en 1601, en même temps que le *Bugey*, qui avait pour capitale *Belley*, évêché; — 4 sous-préfectures : *Belley*, *Nantua*, *Gex* et *Trévoux*, sur le rive gauche de la Saône.

Celui du RHÔNE, au S. O. du précédent. — Chef-lieu, LYON, au confluent de la Saône et du Rhône, ancienne capitale du *Lyonnais*, la seconde ville de France par son commerce, son industrie et sa population (313 mille hab. avec les faubourgs); archevêché, cour impériale; patrie d'un grand nombre d'hommes célèbres. Elle soutint, en 1793, un siége de deux mois, par suite duquel elle éprouva de grands désastres; elle a eu aussi beaucoup à souffrir des terribles inondations de 1840 et 1856. — 1 sous-préfecture : *Villefranche*.

Celui de l'ARDÈCHE, au S. du précédent. — Chef-lieu, PRIVAS; — 2 sous-préfectures : *Tournon*, près du Rhône; célèbre par son beau collége, et *l'Argentière*. Ville remarquable : *Viviers*, évêché.

Celui du GARD, au S. du précédent. — Chef-lieu, NÎMES, cour impériale; évêché qui a compté Fléchier parmi ses prélats. Cette ville est remarquable par ses beaux monuments romains; — 3 sous-préfectures : *Uzès*, *Alais* et *le Vigan*. — Villes remarquables : *Beaucaire*, sur le Rhône, célèbre par ses foires; elle communique par un canal avec *Aigues-Mortes*, où saint

Louis s'embarqua pour ses deux croisades, en 1240 et 1269; cette ville se trouve aujourd'hui à 5 kilomètres de la mer.

2° Quatre départements sur la rive gauche, qui sont :

Celui de l'Isère, au N. — Chef-lieu, Grenoble, sur l'Isère, cour impériale, évêché; patrie du chevalier Bayard; — 3 sous-préfectures : *Vienne*, sur le Rhône, fort célèbre du temps des Romains; *Saint-Marcellin* et *La Tour-du-Pin.*

Celui de la Drôme, au S. du précédent. — Chef-lieu, Valence, près du Rhône, évêché; — 3 sous-préfectures : *Die*, *Montélimart* et *Nyons.*

Celui de Vaucluse, ainsi nommé de la fontaine de ce nom. — Chef-lieu, Avignon, sur le Rhône, archevêché. Cette ville, qui fut pendant soixante-huit ans la résidence des papes, était la plus importante du Comtat Venaissin, dont *Carpentras*, située au pied du mont *Ventoux*, était regardée comme la capitale. — 3 sous-préfectures : *Apt*, *Carpentras* et *Orange*, ancienne capitale d'une petite principauté enclavée dans le Comtat Venaissin, réunie à la France par Louis XIV.

Celui des Bouches-du-Rhône, au S. de celui de Vaucluse. — Chef-lieu, Marseille, excellent port sur le golfe du Lion, évêché; fondée 600 ans avant J.-C. par une colonie de Phocéens venus de l'Asie Mineure; l'une des villes les plus considérables de France par son commerce et la troisième par sa population (234 mille habit.). Les grands vaisseaux de guerre, qui ne peuvent entrer dans son port, s'arrêtent à l'île d'*If*, qui en est peu éloignée, et sur laquelle se trouve le château du même nom; — 2 sous-préfectures : — *Arles*, près de l'endroit où le Rhône se partage en deux branches; on y voit de belles ruines romaines; *Aix*, archevêché, cour impériale, ancienne capitale de la Provence, et fort considérable aussi sous les Romains.

36. Bassin de la Saône. — Il comprend 5 départements, savoir :

Celui de la Haute-Saône, au N. — Chef-lieu, Vesoul, au pied d'une montagne; — 2 sous-préfectures : *Lure* et *Gray*, sur la Saône.

Celui de la Côte-d'Or, à l'O. du précédent, tire son nom d'une chaîne de collines qui produisent d'excellents vins. — Chef-lieu, Dijon, sur le canal de Bourgogne, capitale de la province; cour impériale, évêché; patrie de Bossuet; — 3 sous-préfectures : *Beaune*, célèbre par ses vins; *Châtillon-sur-Seine* et *Semur.* Ville remarquable : *Montbard*, patrie de Buffon.

Celui de Saône-et-Loire, au S. du précédent. — Chef-lieu, Macon, sur la Saône, renommée par ses vins; — 4 sous-préfectures : *Autun*, évêché, ville très-ancienne ; *Châlon-sur-Saône*, *Charolles* et *Louhans*.

Celui du Doubs, au N. E. du précédent. — Chef-lieu, BESANÇON, sur le Doubs, ancienne capitale de la Franche-Comté ; archevêché, cour impériale, ville très-forte, prise par Louis XIV en personne, en 1674 ; — 3 sous-préfectures : *Montbéliard*, *Beaume-les-Dames* et *Pontarlier*.

Celui du JURA, au S. O. du précédent. — Chef-lieu, LONS-LE-SAULNIER ; — 3 sous-préfectures : *Dôle*, sur le Doubs ; *Poligny* et *Saint-Claude*, évêché.—Ville remarquable : *Salins*, qui tire son nom de ses salines.

37. BASSIN DE LA DURANCE.—Il comprend 2 departements, savoir :

Celui des HAUTES-ALPES, à l'E. de la Drôme. — Chef-lieu, GAP, évêché ; — 2 sous-préfectures : *Briançon*, une des plus hautes et des plus fortes villes de l'Europe ; *Embrun*, sur un rocher escarpé, près de la Durance.

Celui des BASSES-ALPES, au S. du précédent. — Chef-lieu, DIGNE ; — 4 sous-prefectures : *Sisteron*, sur la Durance ; *Forcalquier*, sur une montagne ; *Castellane* et *Barcelonnette*.

38. BASSIN DU VAR.—Ce bassin, dont une partie seulement est française, celle située sur la rive droite du fleuve, forme un département.—Celui du VAR, au S. du précédent, est séparé du comté de Nice par la rivière dont il porte le nom. — Chef-lieu, DRAGUIGNAN ; — 3 sous-préfectures : — *Toulon*, l'un des plus beaux ports de l'Europe ; préfecture maritime, et principal chantier de construction de la marine française (83 mille hab.) ; *Brignolles* et *Grasse*. Il faut citer encore : *Fréjus*, évêché. — Les îles d'HYÈRES et de LÉRINS font partie de ce département, sur la côte duquel elles sont situées.

39. CORSE. — Le quatre-vingt-sixième et dernier département de la France est formé par une île de la Méditerranée, la CORSE, dont il porte le nom. Cette île, située au S. E. de la France, dans la Méditerranée, a été cédée à la France par les Génois, en 1768, et conquise sur les habitants l'année suivante. — Chef-lieu, AJACCIO, évêché ; patrie de Napoléon Ier, qui y est né en 1769 ; — 4 sous-préfectures : *Bastia*, bon port, cour impériale, ancienne capitale de l'île ; *Corte, Calvi, Sartène*.

40. TABLEAU DES DÉPARTEMENTS COMPARÉS AUX ANCIENNES PROVINCES.

GOUVERNEMENTS.	DÉPARTEMENTS.	GOUVERNEMENTS.	DÉPARTEMENTS.
NORD			
Flandre-Française.	Nord.		Ardennes.
Artois et Boulonnais	Pas-de-Calais.	Champagne et Sedan	Marne.
Picardie	Somme.	(4 dép.)	Aube.
	Seine Inférieure		Haute-Marne.
Normandie et le Havre (5 dép.)	Eure.		Meuse.
	Calvados.	Lorraine et les trois	Moselle.
	Manche.	évêchés (4 dép.)	Meurthe.
	Orne.		Vosges.
	Oise.	Alsace (2 dép.)	Bas-Rhin.
Ile-de-France et Paris (5 dép.)	Aisne.		Haut-Rhin.
	Seine-et-Oise.		
	Seine.		
	Seine-et-Marne.		
CENTRE.			
	Ille-et-Vilaine.		Eure-et-Loir.
Bretagne (5 dép.)	Côtes-du-Nord.	Orléanais (3 dép.)	Loir-et-Cher.
	Finistère.		Loiret.
	Morbihan.	Berri (2 dép.)	Indre.
	Loire-Inférieure.		Cher.
Poitou (3 dép.)	Vendée.	Nivernais.	Nièvre.
	Deux-Sèvres.	Bourbonnais	Allier.
	Vienne.	Auvergne (2 dép.)	Puy-de-Dôme.
Aunis et Saintonge.	Charente-Infér.		Cantal.
Angoumois	Charente.	Lyonnais (2 dép.)	Loire.
Maine (2 dép.)	Mayenne.		Rhône.
	Sarthe.		Yonne.
Anjou et Saumur.	Maine-et-Loire.	Bourgogne (4 dép.)	Côte d'Or.
Touraine	Indre-et-Loire.		Saône-et-Loire.
Marche	Creuse.		Ain.
Limosin (2 dép.)	Haute-Vienne.	Franche-Comté (3 dép.)	Haute-Saône.
	Corrèze.		Doubs.
			Jura.
MIDI.			
	Gironde.		Lozère.
	Landes.	Languedoc (suite).	Haute-Loire.
	Dordogne.		Ardèche.
Guienne et Gascogne (9 dép.)	Lot-et-Garonne.		Gard.
	Gers.	Comté de Foix	Ariège.
	Hautes Pyrénées.	Roussillon.	Pyrénées-Orient.
	Lot.		Isère.
	Tarn-et-Garonne.	Dauphiné (3 dép.)	Drôme.
	Aveyron.		Hautes-Alpes.
Béarn.	Basses-Pyrénées	Comtat-Venaissin.	Vaucluse.
	Haute-Garonne.		Bouch.-du-Rhône.
Languedoc (8 dép.)	Tarn.	Provence (3 dép.)	Basses-Alpes.
	Aude.		Var.
	Hérault.	Corse	Corse.

QUESTIONNAIRE.—6. Comment la France se divise-t-elle par bassins?—Nommez les grands bassins.—Qu'est-ce qu'un bassin côtier?—7. Combien le bassin du Rhin comprend-il de départements?—Quel est le chef-lieu et quelles sont les villes principales du département du Bas-Rhin?—Quel est le chef-lieu et quelles sont les villes principales du département du Haut-Rhin?—8. Combien le bassin de la Moselle comprend il de départements, et quels sont-ils?—Indiquez leurs chefs-lieux et leurs villes principales. — 9. Combien le bassin de la Meuse contient-ils de départements, et quels sont ils?—Citez les noms des chefs-lieux et des sous-préfectures du département de la Meuse, du département des Ardennes. — 10. Combien le bassin de l'Escaut comprend-il de départements, et quels sont-ils?—Quels sont les chefs-lieux et les villes importantes du département du Nord et du Pas de-Calais? — 11. Dans quel bassin est situé le département de la Somme, et quelles en sont les villes remarquables? — 12. Comment se partage le bassin général de la Seine? — Combien le bassin proprement dit de la Seine comptait-il de départements? — Quels sont ces départements? — Citez les chefs-lieux et les villes principales des départements de l'Aube, de Seine-et-Oise et de Seine-et-Marne? — Indiquez les principales villes de la Seine, de la Seine-Inférieure et de l'Eure. — 13. Combien de départements comprend le bassin de la Marne? — Quels sont-ils et quelles en sont les villes principales? — 14. Combien y a-t-il de départements dans le bassin de l'Oise? — Quels sont-ils et quels sont leurs chefs-lieux et leurs sous-préfectures? — 15. Faites connaître le bassin et le département de l'Yonne, avec ses villes principales. — 16. Quel est le département compris dans le bassin de l'Eure? — Quelles sont ses villes principales? — 17. Combien le bassin de l'Orne comprend-il de départements? — Indiquez les chefs-lieux et les villes principales de ces départements. — 18. Faites connaître le département contenu dans le bassin de la Vire avec ses principales villes. — 19. Dans quel bassin est situé le département d'Ille-et-Vilaine, et quelles sont ses villes principales? — 20. Combien la Bretagne renferme-t-elle de départements, et quels sont-ils? — Faites connaître leurs principales villes. — 21. Comment se divise le bassin général de la Loire? — Combien le bassin de la Loire proprement dit forme-t-il de départements? — Indiquez les villes principales des départements de la Haute-Loire, de la Loire et de la Nièvre. — Faites connaître les départements du Loiret et du Loir-et-Cher avec leurs chefs-lieux et leurs villes principales. — Quelles sont les villes remarquables des départements d'Indre-et-Loire, de Maine-et-Loire et de la Loire-Inférieure? — 22. Combien de départements forme le bassin de l'Allier, et quels sont-ils? — Indiquez les villes principales de ces départements. — 23. Quel est le département formé par le bassin du Cher et quelles en sont les principales villes? — 24. Quel département est formé par le bassin de l'Indre? — Citez le chef-lieu et les sous-préfectures de ce département. — 25. Combien de départements comprend le bassin de la Vienne, et quels sont-ils? — Citez les villes principales de ces trois départements. — 26. Combien de départements sont compris dans le bassin de la Maine? — Quels sont les chefs-lieux et les villes principales des départements de la Mayenne et de la Sarthe? — 27 Quels sont les départements compris dans le bassin des Deux-Sèvres? — Quelles sont les villes principales de ces deux départements? — Quelles îles font partie du département de la Vendée? — 28. Combien de départements comprend le bassin de la Charente, et quels sont-ils? — Citez les villes principales de ces deux départements et les îles qui s'y rattachent. — 29 Comment est formé le bassin de la Gironde, et quels en sont les bassins secondaires? — Combien de départements comprend le bassin de la Dordogne? — Quels sont-ils et quelles sont leurs principales villes? — 30 Combien le bassin de la Garonne, réuni à ceux de l'Ariège, du Lot et du Gers, comprend-il de départements? — Nommez ces départements avec leurs chefs-lieux. — Quelles sont les autres villes remarquables de ces departements? — Combien le departement de la Gironde a-t-il de sous-prefectures, et quelles sont-elles? — Combien le bassin du Tarn comprend-il de departements, et quels sont-ils? — Indiquez les chefs-lieux et les villes principales de ces 3 departements. — 31. Combien le bassin de l'Adour comprend-il de departements? — Quels sont ces departements et quelles sont leurs villes les plus importantes? — 32. Quel est le bassin occupe par le departement des Pyrenees-Orientales? — Quelles sont les villes principales de ce departement? — 33. Quel est le departement compris dans le bassin de l'Aude? — Quelles sont les villes principales de ce departement? — 34. Dans quel bassin est situe le departement de l'Herault? — Quelles sont les villes remarquables de ce departement? — 35. Comment se divise le bassin du Rhône? — Combien forme-t-il de bassins secondaires? — Combien le bassin du Rhône proprement dit contient il de departements? — Quelles sont les villes principales des departements de l'Ain, du Rhône et de l'Ardèche? — Quel est le chef-lieu du Gard et par quoi cette ville est-elle remarquable? — Citez les autres villes de ce département. — Quelles sont les villes principales des departements de l'Isère, de la Drôme, de Vaucluse et des Bouches-du-Rhône. — 36. Combien le bassin secondaire de la Saône comprend-il de departements, et quels sont-ils? — Indiquez les villes les plus importantes de ces 5 departements. — 37. Dans quel bassin sont compris les departements des Hautes et des Basses-Alpes? — Quels sont les chefs-lieux et les villes principales de ces 2 departements? — 38. Le bassin du Var appartient-il en entier à la France? — Quel departement renferme-t-il et quelles en sont les villes principales? — Quelles îles se rattachent à ce département? — 39. Quel département est formé par l'île de Corse? — Comment la Corse a-t-elle été réunie à la France? — Quelles sont les villes principales du departement de la Corse. — 40. Quels sont les departements formés par les provinces de Flandre... Artois... Picardie... Normandie... Ile de France... Champagne... Lorraine... Alsace... Bretagne... Poitou... Aunis et Saintonge... Angoumois... Maine... Anjou... Touraine... Marche... Limosin... Orleanais... Berri... Nivernais... Bourbonnais... Auvergne... Lyonnais... Bourgogne... Franche-Comte... Guyenne et Gascogne... Bearn... Languedoc... Foix... Roussillon... Dauphine... Comtat-Venaissin... Provence... Corse.

CHAPITRE TROISIÈME.

GRANDE-BRETAGNE.

SOMMAIRE.

41 Le royaume de la Grande-Bretagne comprend toutes les îles Britanniques situées au N. O. de l'Europe et bornées par l'Atlantique au N. et à l'O., par la Manche et le Pas-de-Calais au S. et par la mer du Nord à l'E.

42. Les îles Britanniques se divisent en deux grandes îles et un grand nombre de petites : les grandes sont la Grande-Bretagne à l'E. et l'Irlande à l'O. La Grande-Bretagne se divise en Angleterre et Écosse.

43. L'Angleterre se divise en Angleterre propre, subdivisée en quarante comtés, et en principauté de Galles subdivisée en douze comtés. Les villes principales sont : Londres, capitale de tout le royaume, York, Leeds, Halifax, Hull, New-Castle, Manchester, Liverpool, Birmingham, Bristol, Douvres, Southampton, Plymouth et Portsmouth.

44. L'Écosse, au N. de l'Angleterre, se divise en trente-trois comtés, dont les principales villes sont : Edimbourg, capitale, Glasgow, Paisley et Dundee.

45. L'Irlande se divise en quatre grandes provinces : Ulster, Connaught, Leinster et Munster, lesquelles se subdivisent en trente-deux comtés, dont les villes principales sont : Dublin, capitale, Armagh, Waterford, Limerik, Cork et Belfast.

46. Les petites îles sont : — dans la Manche, les Anglo-Normandes, l'île de Wight et les Sorlingues ; — dans la mer d'Irlande, Anglesey et Man ; — dans l'Atlantique, les Hébrides, les Orcades et les Shetland.

47. La population est de 29 millions d'habitants dont 19 pour l'Angleterre, 3 pour l'Écosse et 7 pour l'Irlande. La majorité des Anglais professe la religion anglicane, les Écossais sont presbytériens, et les Irlandais catholiques. Le gouvernement est une monarchie représentative. Le climat est humide et brumeux, les terres cependant sont fertiles et bien cultivées, les mines y sont nombreuses, et l'industrie, favorisée par une marine de 38 mille bâtiments, y a atteint des développements immenses.

48. Les colonies anglaises ont un territoire d'environ 13 millions de kilomètres carrés et près de 200 millions d'habitants. — Ce sont, en Europe: Helgoland, Gibraltar, Malte, et les îles Ioniennes ; — en Asie : Aden, la plus grande partie de l'Hindoustan, plusieurs contrées de l'Indo-Chine et Hong-Kong ; — en Afrique, des établissements à la Senegambie, à la Guinée ; le Cap, Sainte-Hélène, l'Ascension, Maurice, etc. ; — en Amérique : la Nouvelle-Bretagne, la Jamaïque, les Antilles anglaises, la Guyane anglaise ; — dans l'Océanie : les établissements de l'Australie et de la Tasmanie, la Nouvelle-Zélande, de Bornéo, etc.

41. SITUATION. LIMITES (1). — Le royaume de la Grande-Bretagne comprend tout le groupe d'îles situé au N. O. de l'Europe et connu sous le nom général d'*Iles Britanniques*. Ce groupe est enveloppé au N. et à l'O. par l'océan Atlantique ; au S. par la Manche et le Pas-de-Calais qui le séparent de la France, et à l'E. par la mer du Nord.

42. DIVISION. — Les Iles Britanniques se composent de deux grandes îles et d'un assez grand nombre de petites. Les deux grandes, séparées l'une de l'autre par le canal du Nord, la mer d'Irlande et le canal Saint Georges, sont : la *Grande-Bretagne*, à l'E., et l'*Irlande*, à l'O. La première, que les anciens appelaient *Albion*, à cause de la blancheur de ses côtes, renferme les deux royaumes d'*Angleterre*, au S., et d'*Écosse*, au N.; l'*Irlande* forme un troisième royaume. Les petites îles sont répandues autour des deux grandes, et dans le canal qui les sépare. Nous allons étudier successivement ces diverses parties.

---

(1) Consulter dans l'atlas de M. Ansart à l'usage des collèges la carte des ILES BRITANNIQUES.

43. ANGLETERRE. CAPITALE. VILLES PRINCIPALES — Le royaume d'Angleterre (en anglais *England*) (1) sépare, au N., de l'Écosse, par la *Tweed*, qui se rend, à l'E., dans la mer du Nord, et par le golfe du Solway, à l'O., se divise en *Angleterre propre*, subdivisée en quarante comtés, à l'E., et *Principauté de Galles*, subdivisée en douze comtés, à l'O.

Les principales villes de l'Angleterre sont : — LONDRES (*London*) (Middlesex et Surrey) (2), capitale de l'Angleterre et de tout l'empire Britannique (2,500,000 hab.), cette ville, la plus commerçante, la plus riche, et, en même temps, l'une des plus peuplées, des plus belles du monde, a un port immense formé par la Tamise, couverte en tous temps de milliers de vaisseaux. — YORK, beaucoup plus au N., sur l'*Ouse*, qui se jette dans l'Humber; archevêché; ville très-ancienne, regardée autrefois comme la seconde de l'Angleterre, n'est plus aujourd'hui que la sixième du comté auquel elle donne son nom, où se trouvent, au S. O., les grandes cités de LEEDS (125,000 hab.), HALIFAX (120,000 hab.), qui fabriquent des tissus de laine et de lin; de SHEFFIELD, beaucoup plus au S. (95,000 hab.), renommée pour la fabrication de l'acier et des machines; enfin celle de HULL ou KINGSTON, non loin de l'embouchure de l'Humber, le troisième des ports de commerce du royaume. — NEWCASTLE (Northumberland), autre port extrêmement commerçant, sur la *Tyne*, est le centre de la plus considérable exploitation de houille qui existe au monde. — MANCHESTER (Lancaster), à l'O., la ville la plus importante de l'univers pour la fabrication des étoffes de coton (400,000 hab. y compris les faubourgs). — LIVERPOOL, (même comté), sur la droite et à l'embouchure de la Mersey, dans la mer d'Irlande, le premier port de commerce des îles Britanniques après celui de Londres (300,000 hab.). — BIRMINGHAM (Warwick), le plus important atelier du monde entier pour les arts métallurgiques (180,000 hab.). — BRISTOL (Glocester), sur l'*Avon*, affluent de la Severn, et non loin du golfe qui porte son nom; grand port de commerce, et l'une des villes les plus industrieuses du royaume (130.000 hab.). — BATH (Somerset), non loin du canal de Bristol, célèbre par ses excellentes eaux thermales. — Ox-

---

(1) Les mots en *italique* comme *England* indiquent le nom tel que le donnent les habitants du pays.

(2) Nous indiquons entre parenthèses et en lettres ordinaires le nom du comté à laquelle chaque ville appartient. Londres est construit sur les limites des deux comtés ci-dessus nommes.

FORD et CAMBRIDGE, fameuses universités; CANTORBÉRY (*Canterbury*), au S. E. de Londres, archevêché primat du royaume, chef-lieu du comté de Kent, dans lequel se trouve aussi DOUVRES (*Dover*), port sur le Pas-de-Calais, l'un des plus fréquentés pour les rapports avec la France, qui alimentent aussi SOUTHAMPTON (Hamp), port très-commerçant sur la Manche. — PORTSMOUTH (Hamp) et PLYMOUTH (Devon), autres ports sur la Manche, sont, avec CHATAM et WOLWICH (Kent), les principaux arsenaux de la marine de guerre anglaise. Cette dernière ville est voisine de GREENWICH, située près de Londres, hôpital des invalides de la marine; elle possède aussi un observatoire où les Anglais font passer leur premier méridien.

44. ÉCOSSE. VILLES PRINCIPALES. — L'Écosse (*Scotland*), située au N. de l'Angleterre, se divise en 33 comtés dont les villes principales sont : ÉDIMBOURG (*Edinburgh*), 200 000 hab., capitale du royaume et du comté de son nom; ancienne et fameuse université, située à 2 kilomètres au S. du golfe de Forth, auquel l'unit en quelque sorte la ville de *Leith* qui lui sert de port. GLASCOW (Lanark), à l'O., sur la Clyde, la ville la plus considérable, la plus commerçante et la plus industrieuse de toute l'Écosse; célèbre par son université et ses belles imprimeries (environ 300,000 hab.). — PAISLEY (Renfrew), un peu plus au S. O., l'une des villes les plus importantes de l'Écosse par son industrie et sa population (170,000 hab.). — DUNDEE (Forfar), plus au N., port très-commerçant, sur le golfe de Tay (100,000 hab.).

45. IRLANDE. VILLES PRINCIPALES. — L'Irlande (*Ireland*) à l'O. de la Grande-Bretagne se divise en quatre provinces, savoir : l'*Ulster* ou *Ultonie*, au N.; le *Connaught* ou *Connacie*, à l'O.; le *Leinster* ou *Lagénie*, à l'E.; et le *Munster* ou *Momonie*, au S. Ces provinces se subdivisent en trente-deux comtés, dont les principales villes sont : DUBLIN, capitale à l'E., sur la mer d'Irlande : résidence du vice-roi; archevêché, université; l'une des premières villes des Iles Britanniques par sa population et son commerce (255 mille habitants). — ARMAGH, au N. E.; elle a un archevêque qui prend le titre de primat. — GALWAY, au S. O., port sur la baie du même nom. — WATERFORD, au S. E., sur le havre du même nom. — LIMERICK, dans une île formée par le Shannon. — CORK, au S. O., la seconde ville de l'Irlande par sa population et son commerce, favorisé par un port magnifique (87,000 habitants). — BELFAST, au N. E. de l'île, port sur la baie de son nom, est une des plus importantes et des plus commerçantes villes d'Irlande (55,000 habitants).

46. PETITES ILES. — Parmi les petites îles qui se rattachent aux Iles Britanniques, les principales sont : 1° Dans la Manche, près des côtes de France, les ILES ANGLO-NORMANDES, savoir : AURIGNY (*Alderney*), en face du cap de la Hague; GUERNESEY, au S. O. de la précédente : capitale, *Saint-Pierre;* enfin JERSEY, au S. E. de la précédente : capitale, *Saint-Helier*.

2° Dans la Manche, sur la côte d'Angleterre, l'île de WIGHT, qui en est séparée par un canal peu considérable : capitale, *Newport*. L'infortuné roi Charles Ier y fut détenu dans le château de *Carisbrook*.

3° Les SORLINGUES (*Scilly*), groupe de 45 petites îles situées vis-à-vis du cap Land's-End, à la pointe S. O. de l'Angleterre, et dont la principale est *Sainte-Marie*.

4° Dans la mer d'Irlande, l'île d'ANGLESEY, au S. E., séparée, par le détroit de *Menay*, de la principauté de Galles, dont elle forme un des comtés : capitale, *Beaumaris;* et l'île de MAN, au N. de la précédente. Elle a jadis formé un royaume : capitale *Castletown;* ville principale, *Douglas*.

5° Les HÉBRIDES (*Western*), à l'O. de l'Écosse et au N. de l'Irlande; elles sont fort nombreuses, et plusieurs ont assez d'étendue. Les plus remarquables sont : *Lewis*, *Skye*, *Mull*, *Islay* et *Staffa*.

6° Les ORCADES (*Orkney*), groupe de 30 îles situées à la pointe N. E. de l'Écosse, dont elles sont séparées par le détroit de *Pentland :* la plus grande, nommée *Pomona*, a pour capitale *Kirkwall*.

7° Les SHETLAND, groupe de 86 îles situées au N. E. de l'Écosse. La principale est *Mainland;* capitale, *Lerwick*. Plusieurs sont inhabitées.

47. POPULATION. RELIGION. GOUVERNEMENT. NOTIONS DIVERSES. — La population totale de la Grande Bretagne est d'environ 29 millions d'habitants dont 19 millions pour l'Angleterre, 3 millions pour l'Écosse et 7 millions pour l'Irlande. La majorité des Anglais suit la religion *anglicane*, secte du protestantisme; on compte en Angleterre environ 1 million de catholiques; les Écossais appartiennent au protestantisme, ils sont de la secte presbytérienne. La majorité des Irlandais est catholique. Le gouvernement est une monarchie représentative, les femmes sont admises à succéder au trône.

Quoique le climat des Iles Britanniques soit généralement humide et brumeux, cependant les terres y sont fertiles, grâce a une culture trèshabile. On y trouve aussi de nombreuses mines de fer, d'étain, de plomb, de cuivre et de houille; mais ce qui constitue la véritable richesse et la puissance de l'empire Britannique, c'est son immense commerce, alimenté par d'innombrables manufactures, facilité à l'intérieur par un grand nombre de canaux et de chemins de fer, mais surtout vivifié et protégé par une marine de trente huit mille bâtiments, qui rend toutes les parties du monde tributaires de l'Angleterre.

48. POSSESSIONS ET COLONIES. L'Angleterre étend sa domination sur des contrées répandues dans toutes les parties du monde. Ces vastes possessions offrent une superficie d'environ 13 millions de kilomètres carrés et contiennent une population de près de 200 millions d'habitants. Nous allons les faire connaître sommairement, ce sont : En Europe, dans la mer du Nord, la petite île d'*Helgoland*, vis-à-vis les embouchures de l'Elbe et du Véser; — *Gibraltar*, au S. de l'Espagne; — l'île de *Malte* et ses dépendances, au S. de l'Italie; — les *îles Ioniennes*, dans la mer de ce nom.

En Asie : *Aden*, en Arabie ; — l'île de *Perim*, à l'entrée de la mer Rouge, et quelques îles du golfe Persique ; — une grande partie de l'*Hindoustan* (capitale CALCUTTA), et de l'*Indo-Chine*, avec *Ceylan* et plusieurs autres îles ;—*Hong-Kong*, sur les côtes de la Chine.

En Afrique : des établissements dans la *Sénégambie*, en *Guinée*, la grande colonie du *cap de Bonne-Espérance* ; — les îles *Sainte-Hélène* et de l'*Ascension*, *Maurice* avec les *Seychelles*; — la côte de *Natal*.

En Amérique : l'immense territoire de la *Nouvelle-Bretagne*, avec les îles qui en dépendent; *Terre-Neuve*, *Saint-Jean*, etc. au N. — Au S., les îles *Lucayes* ou *Bahama*; dans les Grandes-Antilles, la *Jamaïque*; cap. Kingston; dans les Petites-Antilles : les îles *Vierges*, *Antigoa*, *Saint-Christophe*, *Sainte-Lucie*, *Saint-Vincent*, la *Barbade*, *Tabago*, et enfin la *Trinité*, qui en est la plus considérable (ville principale, *Spanishtown*); et enfin, dans l'Amérique du Sud, la *Guyanne* anglaise, et les îles *Falkland* ou *Malouines* et *Opparo*.

Dans l'Océanie, enfin : les vastes établissements nommés *Nouvelle Galle du Sud*, *Province Victoria*, etc., dans l'*Australie anglaise*, capitale *Sidney*, les îles voisines; la *Nouvelle-Zélande* et quelques îles moins importantes et un établissement dans l'île de *Bornéo*.

QUESTIONNAIRE — 41. Quelle est la situation du royaume de la Grande-Bretagne?—De quoi se compose-t-il?—Quelles sont ses limites? — 42. Comment se divisent les Iles Britanniques? — Combien de royaumes renferme la Grande-Bretagne et quels sont-ils? — 43. Quelles sont les bornes du royaume d'Angleterre? — Comment se divise-t-il? — Quelle est sa capitale et quelles sont ses villes principales ? — 44. Où est située l'Écosse ? — Comment se divise-t-elle et quelles sont ses principales villes ? — 45. Où est située l'Irlande. — Indiquez sa division et sa subdivision — Quelles sont sa capitale et ses principales villes ? — 46. Quelles sont les petites îles qui font partie des Iles Britanniques dans la Manche... dans la mer d'Irlande... dans l'Atlantique ? — Indiquez-en les villes principales. — 47. Quelles sont la population et les religions des Iles Britanniques ? — Quel est leur gouvernement ? — Faites-en connaître le climat et les produits. — 48. Quelles sont la population et l'étendue des possessions étrangères et des colonies anglaises ? — Quelles sont ces possessions en Europe.. en Asie... en Afrique... en Amérique et en Océanie ? — Indiquez-en les villes capitales.

CHAPITRE QUATRIÈME.

BELGIQUE. — PAYS-BAS. — ÉTATS SCANDINAVES.

SOMMAIRE.

§ I. 49. Le royaume de BELGIQUE est situé entre la mer du Nord, la France, la Hollande et la Prusse Rhénane.

50. La Belgique est divisée en 9 provinces, dont les principales villes sont : Bruxelles, capitale, Mons, Bruges, Gand, Anvers, Malines, Namur.

51. La population est de 4,500,000 habitants, qui suivent la religion catholique. Le gouvernement est une monarchie représentative. Le pays est peu accidenté et fort bien cultivé ; le climat est tempéré, l'industrie prospère et la population très-nombreuse atteint 151 habitants par kilomètre carré.

§ II. 52. Le royaume des PAYS-BAS, ainsi nommé de sa situation au-dessous du niveau de la mer, est borné par la mer du Nord au N. et à l'O., par la Belgique au S., et par la Prusse Rhénane et le Hanovre à l'E.

53. Il se divise en 11 provinces depuis la révolution de 1830. Sur ces 11 provinces, une, formée des duchés de Limbourg et Luxembourg, appartient à la Confédération germanique.

54. Les principales villes des Pays-Bas sont : Amsterdam et la Haye, capitales, Rotterdam, Maëstricht, Flessingue, Utrecht et Luxembourg.

55. De nombreuses îles dépendent des Pays-Bas. La Zélande en est formée. On y remarque Walckeren, Nord et Sud Beveland, puis Over Flakke et Beyerland dans la Hollande méridionale, et enfin Texel, Vieland et Ter-Schelling dans la Hollande septentrionale.

56. La population est de 3 millions d'habitants, la plupart protestants. Le gouvernement est une monarchie représentative. L'activité et l'industrie des habitants a créé un sol sans cesse menacé de destruction. Le climat est humide. La fabrication des toiles et la pêche enrichissent cette nation.

57. Les colonies, ayant 21 millions d'habitants, sont : en Afrique, la Mine et quelques autres ports en Guinée ; en Amérique : Curaçao, Saint-Eustache et la Guyanne ; en Océanie : des établissements considérables à Sumatra, Java, Célèbes et Bornéo, et aux îles Timoriennes et Moluques.

§ III. 58. Les États Scandinaves sont le Danemark et la Suède avec la Norwege

59. Le Danemark est borné au N. par le Cattegat et le Skager-Rack, à l'O. par la mer du Nord, au S. par l'Elbe, à l'E par la mer Baltique, le Sund et le Cattegat.

60. Il se divise en trois parties, les Iles, le Jutland et les duchés de Holstein et de Lauenbourg.

61. Les deux grandes îles sont · Seeland, qui renferme Copenhague, capitale du royaume, et Elseneur; Fionie, capitale Odensee, et celles de Langeland, Laland, Bornholm, etc.

62. Le Jutland se divise en Nord Jutland, ville principale, Aalborg, Aarhuus et Viborg; et Sud Jutland, ville principale, Schleswig et Flengsborg.

63. Les deux duchés font partie de la Confédération germanique. Le Holstein a pour villes principales Glukstadt, capitale, et Altona; et le Lauenbourg a Lauenbourg et Ratzebourg.

64. La population est de 2 millions d'habitants, luthériens. Le gouvernement est monarchique et représentatif. Le climat est assez froid. Les îles sont plus habitables que le Jutland. Le Holstein produit de bons chevaux.

65. Le Danemark possède l'Islande, les îles Feroe. — En Afrique, plusieurs forts sur la côte de Guinée. — En Amérique, le Groenland, ainsi que Sainte-Croix et Saint-Thomas aux Antilles.

§ IV. 66 Suède et Norwège. La monarchie suédo-norwégienne, la plus septentrionale de l'Europe, est bornée par l'océan Boréal, l'Atlantique, la mer du Nord, le Skager-Rack, la Baltique, le golfe de Botnie et la Russie. Elle se divise en deux royaumes, la Suède et la Norwége, séparés par les monts Dophrines.

67. La Suède se divise en vingt quatre lœn ou préfectures, réparties en trois provinces de Gothie, Svealand et Norrland. Les principales villes de Suède sont : Stockholm, capitale, Upsal, Gœteborg et Kalmar.

68. La Norwege en trois régions : Sœndenfields, Nordenfields, Norrland, divisées en cinq dioceses et dix-sept bailliages. Les principales villes de Norwege sont Christiania, capitale, Christiansand, Bergen et Trondheim ou Drontheim.

69. Les principales îles sont : à la Suède, celles d'OEland, de Gotland et l'archipel de Stockholm ; à la Norwege, le grand archipel des Loffoden et des Tromsen au N. La Suède possède Saint-Barthélemi, comme colonie, aux Antilles.

70. Le gouvernement est une double monarchie représentative sous un seul souverain. La population, de 5 millions d'hommes, est lutherienne. Le climat est froid et le sol peu productif, si ce n'est en fer et en cuivre. La Norwege produit beaucoup de bois de construction. Le Nord est habité par les Lapons, qui, sous un ciel presque toujours glacé, se servent du *Renne* pour tous les usages de la vie.

§ I. — Belgique (1).

49. SITUATION ET LIMITES. — La Belgique, située à l'Ouest de la partie centrale de l'Europe, est bornée au N. par la Hollande, à l'O. par la mer du Nord, au S par la France, et à l'E. par le grand duché du Bas-Rhin ou Prusse Rhénane, et par le Luxembourg hollandais.

---

(1) Voir dans l'atlas de M. Ansart à l'usage des colleges, la carte de Belgique et Pays-Bas

50. GRANDES DIVISIONS. — CAPITALE ET VILLES PRINCIPALES. — La Belgique est divisée en 9 provinces que nous nommerons en faisant connaître leurs villes principales qui sont : BRUXELLES, sur la Senne, ville riche et commerçante; capitale de la Belgique et de la province du *Brabant méridional* (145 mille hab.). — Le champ de bataille de *Waterloo* est au S. E. de cette ville. — ANVERS, au N., sur l'Escaut, grande ville et port fameux, surtout pendant le temps que la Belgique a appartenu à la France. Elle est défendue par une forte citadelle, prise par les Français sur les Hollandais, en 1832, à la suite d'un siége difficile et glorieux. Cette ville, patrie de plusieurs excellents peintres, compte 96 mille habitants. Elle est le chef-lieu d'une province qui porte son nom. — MALINES, entre Anvers et Bruxelles, jolie ville archiépiscopale, renommée par ses fabriques de dentelles; centre du vaste réseau de *chemins de fer*, qui de là rayonnent dans toute la Belgique (30 mille habitants). — BRUGES, au N. O., capitale de la *Flandre occidentale*, remarquable par ses beaux édifices et par son commerce (52 mille habitants). Elle est située sur un beau canal qui fait communiquer OSTENDE, bon port sur la mer du Nord, avec GAND, situé au confluent de l'Escaut et de la Lys, ville très-grande et importante par son commerce; capitale de la *Flandre orientale;* patrie de Charles-Quint (107 mille habitants). — *Ypres*, au S. des précédentes, est remarquable par son industrie et ses beaux édifices gothiques. — COURTRAI, à l'E. produit de belles toiles. — TOURNAI, au S. O. de Gand, plusieurs fois prise et reprise par les Français et les Autrichiens, et à 8 kilomètres de laquelle se trouve *Fontenoy*, village fameux par la victoire que les Français, commandés par le maréchal de Saxe, y remportèrent, en 1745, sur les Anglais et les Hollandais (31 mille habitants). — MONS, sur la Trouille, au S. E. de Tournai, capitale du *Hainaut*, renommée par ses houilles, fameuse par plusieurs siéges, et surtout par celui qu'en fit Louis XIV en 1691 (24 mille habitants). — A l'O. de cette ville s'étendent les plaines de *Jemmapes*, illustrées par une victoire des Français en 1792. Au S. O. se trouvent *Philippeville* et *Marienbourg*, petites forteresses possédées par la France pendant un siècle et demi, et qu'elle a perdues aux traités de 1815. — NAMUR, au confluent de la Sambre et de la Meuse, capitale de la province de son nom, prise par Louis XIV en 1692. A l'O. de cette ville se trouve *Fleurus*, célèbre par trois victoires gagnées par les Français. — LIÉGE, sur la Meuse, capitale de l'ancien évêché de ce nom, devenue une des provinces de la Belgique; patrie de Grétry (82 mille habitants). A 25 kilomètres au S. E. est le bourg de *Spa*, connu par ses eaux minérales. — VERVIERS, au S. E. est renommée pour ses draps.— LOUVAIN, à l'E. de Bruxelles; remarquable par son université catholique, son magnifique hôtel de ville gothique et ses brasseries renommées (30 mille habitants). — HASSELT et ARLON, beaucoup plus au S. E., petites villes, capitales des portions du *Limbourg* et du *Luxembourg* cédées à la Belgique par les derniers traités, et qui forment deux des provinces du royaume.

31. POPULATION. RELIGION. GOUVERNEMENT. NOTIONS DIVERSES. — La population de la Belgique est de plus de 4 millions et demi d'habitants qui suivent presque tous la religion catholique. Le gouvernement est une monarchie représentative.

L'aspect général de la Belgique est celui d'une vaste plaine entrecoupée de quelques collines, ombragées de forêts et de vallées couvertes de gras pâturages. Le sol, d'une admirable fertilité et cultivé avec soin, produit en abondance des grains, du lin, du chanvre, du tabac, et renferme de riches mines de fer, de houille et de marbre; l'air y est pur et sain. Sa population, qui est d'environ 151 habitants par kilomètre carré, est riche de son industrie, dont les toiles, les dentelles, les soieries, les draps sont les produits principaux.

§ II. — PAYS-BAS (1).

32. SITUATION ET LIMITES. — Le royaume des Pays-Bas, ou, comme l'appellent ses habitants, la *Neerlande*, est ainsi nommé parce que le sol en est si bas qu'il n'est préservé des irruptions de la mer que par de fortes digues. Il est situé dans la partie centrale et occidentale de l'Europe et borné au N. et à l'O. par la mer du Nord, au S. par la Belgique, et à l'E. par le grand-duché du Bas-Rhin et par le Hanovre. Un grand nombre d'îles situées dans la mer du Nord font partie de ce royaume. Nous les indiquerons plus tard (n° 55).

33. DIVISION. — Depuis la révolution qui, au mois de septembre 1830, a séparé la Hollande et la Belgique, réunies en un seul royaume depuis 1814, les Pays-Bas ne se composent plus que de onze provinces, comprises autrefois sous le nom de *Hollande*, dont nous indiquerons les noms en en faisant connaître les capitales. Les portions néerlandaises du duché

---

(1) Voir dans l'atlas de M. Ansart la carte de BELGIQUE et PAYS-BAS.

de Limbourg, au S. E., et du grand-duché de Luxembourg, qui en est séparé par la Belgique, forment une province qui fait partie de la Confédération germanique (voir ci-après, n° 78).

54. Capitales. Villes principales. — Les principales villes des Pays-Bas sont : — AMSTERDAM, sur le Zuiderzée, capitale de la *Hollande septentrionale* et de tous les Pays-Bas, l'une des plus belles et des plus florissantes villes du monde (220 mille habitants). — Groningue, au N. E., capitale de la province qui porte son nom, possède une université célèbre. — Leyde, sur le vieux canal du Rhin, fameuse par son université. — La Haye, au S. O. d'Amsterdam, résidence habituelle du roi des Pays-Bas, et siége des états-généraux (64 mille habitants). On la regarde comme un bourg, parce qu'elle n'a ni portes ni murailles. — Rotterdam, capitale de la *Hollande méridionale*, sur la Meuse que les plus grands vaisseaux peuvent remonter; patrie du savant Erasme (80 mille habitants). — Utrecht, au S. E. d'Amsterdam, capitale de la province de son nom, fameuse par l'union de 1579, qui fut le fondement de la république des Provinces-Unies, et par le congrès de 1713, qui pacifia l'Europe (43 mille habitants). — Harlem, à l'O. d'Amsterdam; elle dispute à Mayence la gloire d'avoir inventé l'imprimerie. — Maestricht, sur la Meuse, forteresse importante, capitale du duché de *Limbourg*. — Luxembourg, au S. E. sur l'Alzette; capitale du grand-duché de *Luxembourg*, une des plus fortes places de l'Europe, prise par les Français en 1684, sous Louis XIV, et en 1795. — *Leewarden*, ville forte au N., est la capitale de la Frise. — *Nimègue*, sur le Wahal, avec un château bâti, dit-on, par Charlemagne, remarquable par le traité de paix de 1679; place très-forte et la ville la plus importante de la province de *Gueldre*, qui a pour capitale Arnheim, plus au N. E., sur le Rhin. — Bois-le-Duc, plus au S. O., ville très-forte, renommée par les belles toiles qui s'y fabriquent; évêché et capitale du *Brabant septentrional*. — Middelbourg, plus à l'O., dans l'île de *Walckeren* (n° 55); capitale de la province de *Zéelande*. — Flessingue, sur la côte méridionale de cette même île de Walckeren, place forte et le principal port militaire des Pays-Bas.

55. Iles. — Les îles qui dépendent des Pays-Bas sont extrêmement nombreuses. La province de *Zéelande* tout entière, dont le nom signifie *terre maritime*, se compose d'un grand nombre d'îles formées par l'Escaut et la Meuse, à leurs embouchures dans la mer du Nord, et dont les principales sont celles de WALKEREN, de *Nord* et *Sud Beveland*, de *Tholen* et de *Schouwen*, ainsi que celles d'*Ovar Flakké*, de *Woorne*, de *Beyerland* et d'*Ysselmonde* dans la Hollande méridionale. — Sur la côte de la Hollande septentrionale, il faut citer, outre celle du TEXEL, à l'entrée du Zuiderzée, fameuse par deux batailles navales livrées en 1653 et 1673, celles de *Vieland*, *Terschelling* et *Ameland*.

86. POPULATION. GOUVERNEMENT. RELIGION. NOTIONS DIVERSES. — La population des Pays-Bas est de plus de 3 millions d'habitants, qui suivent pour la plupart les divers cultes protestants. Le gouvernement est une monarchie représentative.

L'industrie et l'activité des Hollandais ont transformé en champs bien cultivés et en excellents pâturages les marais qui couvraient la plus grande partie de leur pays, dont le climat est cependant encore humide et variable. La fabrication des toiles, la pêche du hareng, procurent d'immenses revenus à ce peuple industrieux, qui avait, avant les Anglais, le monopole du commerce dans toutes les parties de l'univers, où il conserve encore de nombreuses possessions que nous allons indiquer ci-après.

87. COLONIES ET POSSESSIONS HORS D'EUROPE. — Le royaume des Pays-Bas possédait jadis d'immenses colonies dont il a perdu une grande partie; celles qu'il conserve comprennent environ 1 million de kilomètres carrés et 21 millions d'habitants. — Les principales de ses colonies sont :

En Afrique : le fort de *la Mine* ou *El-Mina*, et quelques autres petits ports sur la côte de Guinée.

En Amérique : 1° les îles de *Curaçao* et de *Saint-Eustache*, dans l'archipel des Antilles; — 2° la *Guyane néerlandaise* ou *hollandaise*, sur la côte orientale de l'Amérique du Sud.

Dans l'Océanie enfin, de nombreuses et très-importantes possessions dans les grandes îles et les archipels de la Malaisie; savoir : la plus grande partie des îles de *Sumatra*, de *Célèbes*, et de *Java*, où ils ont fondé l'importante ville de *Batavia*, capitale de leurs établissements dans l'Océanie, avec plusieurs des petites îles voisines; une grande partie des archipels des îles *Timoriennes* et des *Moluques*, des possessions importantes sur l'île de *Bornéo*, etc.

§ III. — ÉTATS SCANDINAVES (1).

88. On réunit sous le nom d'États Scandinaves les terres

---

(1) Voir dans l'atlas de M. Ansart la carte de SUÈDE, NORWÈGE et DANEMARK.

appelées par les anciens Scandinavie et Chersonèse cimbrique. Ces pays forment aujourd'hui trois royaumes situés au Nord de l'Europe, qui sont ceux de Danemark, de Suède et de Norwége; ces deux derniers ne forment qu'un seul état. Nous les examinerons successivement.

Danemark.

59. POSITION. LIMITES. — Le Danemark, l'un des quatre États situés dans la partie septentrionale de l'Europe, est borné au N. par le Cattégat et le Skager-Rack, qui le séparent de la Suède et de la Norwége; à l'O., par la mer du Nord; au S., par l'Elbe, qui le sépare de l'Allemagne; à l'E., par la mer Baltique, le Sund et le Cattégat.

60. DIVISION. — Les États du Danemark se composent 1° de plusieurs îles situées dans la mer Baltique; 2° de la presqu'île de *Jutland*; 3° des duchés de *Holstein* et de *Lauenbourg*, qui font partie de la Confédération germanique.

61. ILES ET LEURS VILLES PRINCIPALES. — Les principales îles sont au nombre de deux grandes sections : l'île de SÉELAND, séparée, à l'E., de la Suède par le Sund, et qui renferme COPENHAGUE, capitale de tout le royaume, peuplée de 130 mille habitants, brûlée par les Anglais en 1807; *Elseneur* ou *Helsingœr*, où se payait jadis au Danemark un droit pour tous les vaisseaux qui traversaient le Sund, dont le passage est défendu par la forteresse de Kroneborg; — l'île de FUNEN ou FIONIE, à l'O. de Séeland, dont elle est séparée par le Grand Belt; cap., *Odensée*. — Les autres îles, telles que *Langeland*, *Fémeren*, *Laland*, *Falster*, *Bornholm*, sont moins considérables.

62. JUTLAND.— SES DIVISIONS, SES VILLES PRINCIPALES. — La presqu'île de JUTLAND, située à l'O. de l'île de Fionie, dont elle est séparée par le Petit-Belt, se divise en NORD-JUTLAND : villes principales : *Aalborg*, port à l'entrée du golfe ou détroit de *Liim* ou *Liim-Fiord*, formé par le Cattégat; *Aarhuus*, autre port sur le Cattégat, et *Viborg*, au N. O. de cette dernière, qui passe pour la plus ancienne ville du Danemark, et SUD-JUTLAND, ou duché de *Schleswig* : cap., *Schleswig*, sur le golfe de *Schley* ou *Sli*, formé par la Baltique; ville très-florissante; mais la plus considérable est *Flengsborg*, autre port sur un golfe de la Baltique.

63. HOLSTEIN ET LAUENBOURG. VILLES PRINCIPALES. — Les deux duchés qui font partie de la Confédération germanique, sont, ainsi que nous l'avons dit : 1° le *duché* de HOLSTEIN, situé au S. du Jutland et renommé pour ses chevaux ; villes principales : GLUCKSTADT, qui en est la capitale, port franc sur l'Elbe ; *Kiel*, port sur la Baltique ; et *Altona*, port très commerçant, sur la rive droite de l'Elbe, et la seconde ville du Danemark (28 mille habitants) ; 2° le *duché* de LAUENBOURG, au S. E. du Holstein ; capitales : LAUENBOURG, sur l'Elbe, et RATZEBOURG, plus au N. E.

64. POPULATION. RELIGION. GOUVERNEMENT. NOTIONS DIVERSES. — La population du royaume de Danemark est de plus de 2 millions d'habitants, dont la majeure partie suit la religion luthérienne. Le gouvernement est une monarchie représentative.

Les îles du Danemark sont la partie la plus tempérée et la plus agréable du royaume ; c'est aussi la plus fertile en grains, etc. Le Jutland est généralement froid et couvert de marais et de bruyères. Le Holstein possède de riches pâturages où l'on élève des chevaux renommés.

65. POSSESSIONS LOINTAINES ET COLONIES. — Parmi les possessions lointaines du Danemark la plus considérable est : l'*Islande*, ou terre de glace, plus voisine de l'Amérique, à laquelle elle appartient par sa position, que de l'Europe, au N. O. de laquelle elle est située. Cette île montagneuse et froide où le blé ne croît pas, non plus que les arbres, cultive surtout la pomme de terre. On y rencontre en plusieurs endroits des volcans qui lancent, à une hauteur considérable, des jets d'eau chaude et de boue ; le plus célèbre est le mont *Hécla*, volcan haut de 1,040 mètres. Cette île compte près de 50 mille habitants, qui vivent, pour la plupart, dans des fermes isolées ; aussi *Reykiavig*, la ville principale de l'île, n'en renferme-t-elle que 600 environ.

Au S. E. de l'Islande se trouve le groupe des îles FÆROË, au nombre de 35, dont 17 habitées par environ 6,000 hab. La principale est *Stromoë*, au centre, avec une capitale nommée *Thorshavn*.

Le Danemark possède encore en Afrique plusieurs forts et comptoirs sur la côte de Guinée, dont *Kristiansborg* est le principal.

En Amérique, la grande terre du *Groenland*, au N., et les Iles *Sainte-Croix* et *Saint-Thomas* dans les Antilles.

§ IV. — SUÈDE ET NORWÉGE.

66. POSITION. LIMITES. GRANDES DIVISIONS. — La monarchie Suédo-Norvégienne (ancienne Scandinavie), la plus septentrionale de l'Europe, est comprise dans une vaste presqu'île bornée, au N., par l'océan Glacial Arctique ; à l'O.; par l'océan Atlantique et la mer du Nord ; au S., par le Skager-Rack et la Baltique; et à l'E., par la Baltique, le golfe de Botnie et la Russie. Elle se divise en deux royaumes, celui de *Suède* à l'Est, et celui de Norwége à l'O., séparés l'un de l'autre par une longue chaîne de montagnes qui, sous le nom de *Dophrines*, ou Alpes Scandinaves, parcourent toute la péninsule du sud au nord. Un grand nombre d'îles sont répandues sur les côtes de ces deux royaumes.

67. DIVISIONS ET VILLES PRINCIPALES DE LA SUÈDE. — Le royaume de Suède se divise en 24 *læn* ou préfectures, réparties en trois grandes régions, savoir : le *Gœtland* ou Gothie au S., le *Svéaland* ou Suède propre, au milieu, et le *Norrland* ou pays du Nord, dont le nom indique la position.

Les principales villes de la Suède sont : — STOCKHOLM, sur le lac Mælar, grande ville avec un port très-vaste, capitale du royaume et d'un district particulier (95 mille habitants). — UPSAL, au N. O. de Stockholm, célèbre université et le lieu ordinaire du couronnement des rois (4,500 habitants). — Entre cette ville et la précédente se trouve celle de *Sigtuna*, qui était très-considérable du temps d'Odin, législateur des Scandinaves, dont elle paraît avoir été la résidence. — GOETEBORG, à l'O. de la Gothie, port de mer, l'une des villes les plus commerçantes de la Suède. — TORNÉA, à l'embouchure de la rivière du même nom : il y fait si froid que la rivière y gèle à 6 mètres d'épaisseur. — *Karlskrona*, au S.-E., sur la Baltique, le principal port militaire du royaume. — *Kalmar*, au N. E., de Karlskrona, ville forte, port et chantier de construction, sur le détroit de son nom, qui sépare l'île d'Œland de la Suède. Elle est fameuse par l'acte d'union des trois couronnes de Suède, Norwége et Danemark, sous le sceptre de la grande Marguerite, qui y fut conclu le 20 juillet 1397.

68. DIVISIONS ET VILLES PRINCIPALES DE LA NORWÉGE. — La Norwége se divise naturellement en 3 grandes contrées, qui sont : les *Sœndenfields*, les *Nordenfields* séparés par une chaîne de montagnes, et le *Norrland*, pays qui comprend tout le nord de la péninsule scandinave. Ces 3 contrées sont subdivisées en 5 diocèses et en 17 arrondissements, ou bailliages.

Les principales villes de la Norwége sont : — CHRISTIANIA, au S., sur la baie d'Anslo, capitale de toute la Norwége et de la préfecture d'*Aggershuus*, qui tire son nom de la forteresse d'*Agger*, qui domine la ville de Christiania (32 mille habitants).

— TRONDHEIM ou *Drontheim*, BERGEN et CHRISTIANSAND, ports sur les côtes occidentale et méridionale. Les deux premières ont servi de résidence aux anciens rois de Norwége.

69. ILES ET COLONIE.—Les îles qui dépendent de la Suède sont situées dans la mer Baltique; les principales sont : OELAND, cap. *Borgholm ;* — GOTTLAND, cap. *Wisby.*

Les îles qui dépendent de la Norwége sont situées le long des côtes occidentales et septentrionales de ce pays, dans l'océan Glacial Arctique. Les plus remarquables sont : les groupes des îles TROMSEN, au N., et LOFFODEN, au S. O. des précédentes, et près desquelles se trouve le tourbillon de *Mal-Ström*, qui, dans l'hiver surtout, et lorsque le vent souffle du N. O., produit un bruit qui se fait entendre de plusieurs lieues, et quelquefois attire et engloutit les vaisseaux qui passent aux environs.

La seule colonie que la Suède possède, est l'île *Saint-Barthélemi*, l'une des Antilles, qui lui a été cédée par la France en 1784.

70. POPULATION. RELIGION. GOUVERNEMENT. NOTIONS DIVERSES.—Les deux royaumes de *Suède* et de *Norwége* réunis, en 1814 sous le même souverain, sont l'un et l'autre des monarchies représentatives dans lesquelles le pouvoir royal est très-restreint; elles ont chacune leur constitution distincte et leur assemblée indépendante. — Ils renferment ensemble une population de près de 5 millions d'habitants, qui suivent la religion luthérienne.

Le climat de la Suède est généralement froid, et son sol peu productif, si ce n'est vers le S ; elle est remplie de lacs dont plusieurs ont un aspect agréable. La Norwége est presque tout entière hérissée de montagnes qui produisent en abondance des bois propres à la construction des vaisseaux, et qui font l'objet d'un grand commerce. Les parties septentrionales, composant la préfecture de *Finmarken*, comprennent la partie de la *Laponie* qui appartient au royaume de Norwége. Cette contrée, où le plus long jour et la plus longue nuit durent trois mois, ne renferme que quelques misérables bourgades. Les habitants de ce pays sont remarquables par leur petite taille et fort superstitieux ; ils tirent un grand parti d'un animal fort curieux nommé *le renne*, qui ne peut vivre que dans les régions septentrionales ; ils l'attellent aux traîneaux dont ils se servent pour voyager dans ces contrées, couvertes presque toute l'année de neige et de glaces ; ils en mangent la chair et en boivent le lait. La Suède renferme beaucoup de mines de fer et de cuivre ; il y en a même plusieurs d'or et d'argent.

QUESTIONNAIRE.—49. § I Quelle est la population de la Belgique?—Quelles sont ses bornes? — 50. Comment se divise-t-elle? — Faites-en connaître les provinces. — Quelles en sont les villes principales? — 51. Quelle est la population, la religion et le gouvernement? — Quel est l'aspect du pays? — Quels sont ses produits et son industrie? — 52. Quelle est la position du royaume de Hollande? — 53. Comment se divise ce royaume? — Nommez-en les provinces. — 54. Faites connaître ses villes principales. — 55. Quelles îles avez-vous à signaler? — 56. Quelle est la population, la langue, la religion, le gouvernement? — Faites connaître l'industrie des Hollandais et leurs produits. — 57. Quelles sont les principales colonies hollandaises? — 58. Qu'est-ce qu'on entend par États Scandinaves? — Où sont-ils situés? — Quels sont-ils? — 59 Quelle est la position du royaume de Danemark? — De quoi se compose cet État? — Quelles sont ses limites? — 60. Comment est divisé ce royaume? — 61. Faites connaître les îles et les villes remarquables de l'archipel danois? — 62. Les provinces de terre ferme et leurs villes principales. — 63. Les duchés qui font partie de la Confédération germanique et leurs villes principales? — 64. Quelle est la population? — Quelle est la religion de l'État... le gouvernement? — Quels sont l'aspect, le climat et les productions de ce royaume? — 65. Quelles sont les possessions lointaines du Danemark? — 66. Quelles sont la position et les limites de la monarchie Suédo-Norwégienne? — Comment ces deux royaumes sont-ils séparés? — 67. Comment se divise la Suède? — Nommez ces grandes divisions. — Quelles sont ses villes principales? — 68. Comment se divise la Norwège? — Quelles sont les noms de ces divisions? — Quelles sont ses villes principales? — 69 Quelles sont les îles qui dépendent de la Suède? — Où sont-elles situées? — Quelle est la colonie que possède ce royaume? — Quelles sont les îles qui dépendent de la Norwège? — 70 Quels sont la population, la religion et le gouvernement de ces deux royaumes? — Faites connaître le climat et les productions de la Suède et de la Norwège — Quel animal remarquable nourrit ce dernier pays?

CHAPITRE CINQUIÈME.

RUSSIE (1).

SOMMAIRE.

71. L'Empire russe occupe tout le N. de l'Europe et de l'Asie, ainsi que le N.-O. de l'Amérique. La Russie d'Europe a pour ses limites l'océan Glacial; la Suède, la mer Baltique, la Prusse et l'Autriche; la Turquie, la mer Noire, le Caucase et la mer Caspienne, le fleuve Oural, les monts Oural et le fleuve Kara.
72. L'Empire russe comprend deux parties, l'Empire russe proprement dit et les provinces polonaises anciennes et nouvelles. — Il se divise en soixante-deux gouvernements dont cinq forment des provinces polonaises nouvelles.

---

(1) Nous présentons maintenant la géographie de la Russie bien que cette contrée soit indiquée plus loin dans l'ordre du programme, afin de suivre l'ordre méthodique adopté par les géographes.

On divise le tout en gouvernements : 1° du Nord, 2° du Centre, 3° du Midi, 4° des provinces polonaises à l'O.

73. Les villes principales sont dans le Nord : Saint-Petersbourg, capitale de l'empire; Kronstadt, Abo, Riga et Arkhangelsk; dans le Centre et le Midi : Moskou, Vladimir, Kasan, Kiev, Nijni-Novgorod, Odessa et Astrakan; dans les provinces polonaises anciennes : Vilna, Grodno, Mohilev; et dans les nouvelles : Varsovie et Kalisz.

74. Les îles qui dependent de la Russie sont : dans la mer Baltique, le groupe d'Aland et d'Abo, les îles de Dago, d'OEsel. —Dans l'océan Glacial, celles de Kalgouev, de la Nouvelle-Zemble et de Vaigatch.

75. La population est d'environ 65 millions d'habitants dont 55 suivent la religion grecque, 6 sont catholiques, 3 luthériens et le reste musulman, juif ou idolâtre. Le gouvernement est absolu — Le pays a beaucoup progressé depuis 200 ans, cependant il est encore peu habité. Le sol est fertile, mais le climat est generalement froid et humide. Les monts Ourals fournissent des pierres et des métaux précieux —Cet empire forme la septième partie du monde habitable, il s'est approprié la Pologne qui faisait jadis un royaume independant.

76. Les possessions hors d'Europe sont : la Russie asiatique divisée en Russie du Caucase et Siberie, et l'Amerique russe au N.-O. de l'Amérique du N.

71. SITUATION ET LIMITES. — Le vaste empire de Russie (1) situé au N. E. de l'Europe, s'étend sur tout le nord de l'ancien continent. Nous avons examiné précédemment la Russie asiatique (classe de sixième n°° 95 et suiv.), nous n'avons donc à nous occuper ici que de la Russie d'Europe. — Cette contrée, appelée autrefois la *Moskovie*, a pour bornes, au N., la mer Glacrale; à l'O., la Suède, le golfe de Botnie, la mer Baltique, la Prusse et les États de l'empereur d'Autriche; au S., la Turquie d'Europe, la mer Noire, le Caucase et la mer Caspienne; et à l'E., le fleuve Oural, les monts Ourals ou Poyas et le fleuve Kara, qui la séparent de la Russie d'Asie.

72. DIVISIONS. — L'empire de Russie se compose de deux parties distinctes, savoir : 1° *l'empire de Russie proprement dit*, qui comprend aussi les provinces de l'ancienne Pologne incorporées à l'empire à la suite des partages de 1772, 1793 et 1795; 2° les provinces Polonaises, qui, bien que considérées depuis 1844 comme partie intégrante de l'empire, conservent encore une administration particulière à la tête de laquelle est placé un gouverneur-général. La Russie se divise aujourd'hui en 62 gouvernements, dont cinq formés des provinces polonaises. —Les gouvernements d'après leur position se divisent en 4 séries : 1° provinces du Nord, 2° provinces du Centre, 3° provinces du Sud, 4° provinces polonaises à l'Ouest.

---

(1) Voir dans l'atlas de M. Ansart, à l'usage des colléges, la **carte de la Russie d'Europe**.

75. CAPITALE ET VILLES PRINCIPALES. — Les villes principales de la partie septentrionale de la Russie sont : SAINT-PÉTERSBOURG, à l'embouchure de la *Néva* dans le golfe de Finlande, capitale de l'empire, fondée par Pierre le Grand en 1703 (470 mille habitants). — KRONSTADT, un des principaux ports de la Russie, construit par Pierre le Grand au fond du golfe de Finlande. Arsenal de la marine de guerre, défendu par d'immenses fortifications. — ABO, entre les golfes de Botnie et de Finlande, vis-à-vis de l'archipel qui porte son nom, ville principale de la *Finlande*, ancienne province suédoise, dont une partie fut cédée à la Russie en 1721, et le reste conquis par cette puissance en 1808. — RIGA, située sur le golfe de *Livonie*, ainsi nommé de la province dont Riga est la capitale, et qui fut conquise sur les Suédois par Pierre le Grand, après la victoire qu'il remporta à *Pultawa*, dans la Russie centrale. — ARKHANGELSK, port sur la mer Blanche, à l'embouchure de la Dvina, entrepôt du commerce du nord de la Russie.

Les villes des provinces centrales et orientales sont : — MOSKOU, ancienne capitale de la Russie, brûlée par les Russes en 1812, au moment de l'entrée des troupes françaises, et aujourd'hui plus régulièrement rebâtie (350 mille habitants). — VLADIMIR, au N. E. de Moskou, ancienne résidence des grands-ducs de Russie. — KAZAN, au S. E. de la précédente, capitale d'un ancien royaume tartare conquis par les Russes en 1552. — KIEV, au S. O., sur le Dniépr, une des villes les plus considérables de la Russie, résidence des premiers souverains de ce pays. — ODESSA, au S. de Kiev, port sur la mer Noire, un des plus commerçants de l'Europe. — *Nicolaief*, au N. E. d'Odessa sur le Boug, chantier de la marine russe dans la mer Noire. — KAFFA, près de la mer Noire, dans le gouvernement de Tauride, qui renferme la presqu'île de Crimée jointe au continent par l'isthme de Pérékop sur lequel se trouve la ville de ce nom. Cette presqu'île est devenue célèbre par la guerre dont elle a été le théâtre en 1854 et 1855 et qui se termina par la prise de *Sébastopol*, arsenal de la marine russe, qui y périt complétement. Cette ville ne fut emportée d'assaut par les Français unis aux Anglais, qu'après un siége de près d'un an, pendant la durée duquel furent livrées plusieurs grandes batailles. — ASTRAKHAN, dans une île du Volga, à l'embouchure de ce fleuve dans la mer Caspienne, l'une des villes les plus considérables de la Russie, et fort importante par le grand commerce qu'elle fait avec la Perse et tout l'Orient. — *Vidjgni-Novogorod* plus au N. E. sur le Volga, capitale de la province de son nom, fait également un grand commerce avec l'Orient au moyen surtout de ses foires renommées.

Dans les provinces polonaises anciennement réunies on distingue : — VILNA, ville riche et commerçante, ancienne capitale du grand-duché de *Lithuanie*. — GRODNO, au S. O. de Vilna, et où se tenaient autrefois les diètes polonaises. — MOHILEV, sur le Dniépr, au S. E. de Vilna, ville forte et très-marchande, célèbre par une victoire remportée sur les Russes par les Suédois en 1707. — A environ 85 kilomètres à l'O. de cette ville, coule la *Bérésina*, fameuse par les désastres que les Français éprouvèrent sur ses bords, en 1812, dans la malheureuse retraite de Moskou. — Enfin dans les provinces polonaises qui portent encore ce nom, il faut citer : — VARSOVIE, capitale du royaume, sur la rive gauche de la Vistule, mais communiquant par un pont de bateaux avec le faubourg fortifié de *Praga*, situé sur la rive droite (156 mille habitants). — KALISZ, au S. O. de Varsovie, la seconde ville du royaume par sa population et son industrie.

74. ILES. — Quelques îles remarquables sont répandues le long des côtes de la Russie à laquelle elles appartiennent; ce sont :

1° Dans la mer Baltique : Les îles d'ALAND, groupe situé vis-à-vis d'Abo, sur la côte S. O. de la Finlande, et compris dans son gouvernement : ces îles furent cédées par la Suède à la Russie, en 1809 (12 mille habitants). *Bomarsund*, forteresse élevée au milieu de ce groupe pour servir d'arsenal à la marine russe, a été détruit par les flottes anglaises et françaises en 1854. — DAGO et ŒSEL, à l'entrée du golfe de Livonie.

2° Dans la mer Glaciale : Les îles de KALGOUEV et de la NOUVELLE-ZEMBLE. Ces dernières sont grandes et inhabitées; mais les Russes et les Samoïèdes s'y rendent quelquefois pour la pêche. — Au S. E. de ces îles se trouve celle de VAIGATCH, séparée du continent par le détroit qui porte son nom.

75. POPULATION, RELIGION, GOUVERNEMENT, NOTIONS DIVERSES. — Malgré son immense étendue qui est de 2920 kilomètres de long sur 1600 de large, et comprend ainsi une étendue dix fois plus considérable que celle de la France, mais dont une grande partie est couverte de vastes forêts, la Russie d'Europe ne contient que 65 millions et demi d'habitants, dont 55 millions environ professent la religion grecque, et 6 millions la religion catholique; et 3 millions sont luthériens, le reste se compose de juifs, mahométans, etc. — Ses souverains portent le titre d'empereur ou de *tzar*. Le gouvernement y est presque

absolu, et la couronne est héréditaire, même pour les femmes.
— Depuis Pierre le Grand, la civilisation, favorisée par les souverains de ce vaste empire, s'y est introduite rapidement, et une portion des habitants, qui étaient tous *serfs*, a reçu la liberté.

La Russie est composée presque entièrement de vastes plaines dont la température est assez froide, mais qui sont généralement fertiles. La partie méridionale et surtout la Crimée jouissent d'un climat doux et agréable ; on y recolte en abondance du blé, du lin, du chanvre, du tabac et même du vin. La partie septentrionale, exposée à un froid rigoureux, est tout à fait stérile ; l'est est couvert d'immenses forêts, et le sud-est de plaines sablonneuses et imprégnées de sel. Les monts Ourals renferment des mines de diamants, d'or, de cuivre et de fer. Quelque immenses que soient les territoires soumis à la Russie en Europe, ils ne forment qu'environ le quart de cet empire, qui s'étend encore dans le nord de l'Asie et de l'Amérique, et dont toutes les possessions reunies égalent la septième partie de la terre habitable.

La Pologne, qui formait, avant la fin du siècle dernier, un des plus grands royaumes de l'Europe, fut, comme nous l'avons dit plus haut, démembrée par la Russie, la Prusse et l'Autriche, qui s'en partagèrent les provinces. Reconstituée en 1807, sous le nom de grand-duché de Varsovie, elle a repris, en 1815, le nom de royaume de Pologne sous la souveraineté de l'empereur de Russie, qui la faisait gouverner par un vice-roi, avec un sénat et une chambre de députés. Jalouse de recouvrer son independance, elle a soutenu avec gloire contre la Russie, en 1831, une lutte sanglante que l'extrême disproportion de ses forces a fini par lui rendre fatale, mais dans laquelle elle s'est illustrée au plus haut degré par son courage et son patriotisme. Le climat et les productions de la Pologne sont les mêmes que ceux de la Russie. On y rencontre beaucoup de marais et des forêts considérables.

76. COLONIES. POSSESSIONS LOINTAINES. — La Russie ne possède pas de colonies proprement dites, si toutefois l'on ne veut donner ce nom à ses possessions en Asie et en Amérique. La Russie d'Asie se divise en deux parties : la *Sibérie* et la Russie du Caucase ou *Transcaucasie* (V. classe de 6ᵉ, nº 93) : l'une occupe tout le N. de l'Asie, l'autre les pays entre la mer Noire et la mer Caspienne, au S. du Caucase et au N. de la Perse. — Le N. O. de l'Amérique du Nord fait également partie de l'empire Russe, mais ce pays est désert, et il n'y a, à proprement parler, que les côtes et quelques îles occupées par les Russes. La plus importante de ces îles est celle de *Sitka*, où est bâtie la Nouvelle-Arkangelsk, chef-lieu des possessions Russes, en Amérique.

QUESTIONNAIRE. — 71. Quelle est la position de l'empire Russe ? — Quelles sont ses limites ? — 72. Quelles sont les parties dont se compose cet empire ?

—En combien de gouvernements se divise-t-il?—Comment les partage-t-on? — 73. Quelle est la capitale actuelle, et quelle était l'ancienne capitale de l'Empire russe? — Quelles sont les principales villes des provinces septentrionales... centrales .. méridionales... polonaises? — 74. Quelles sont les îles qui appartiennent à l'empire et dans quelles mers sont-elles situées? — 75. Quelle est l'étendue et la population de l'empire? — Quelles religions y sont suivies? — Quel est le gouvernement? — Quel est l'état de la civilisation? — Quel est le climat et quelles sont les productions des diverses parties de l'empire? — Quelle position du globe occupe cet empire? — Faites connaître les faits qui ont amené l'annexion de la Pologne à la Russie. — 76. Quelles sont les possessions lointaines de la Russie? — Comment se divisent-elles? — Quel est le chef-lieu des possessions de l'Amérique Russe?

CHAPITRE SIXIÈME.

CONFÉDÉRATION GERMANIQUE.

SOMMAIRE.

77. La Confédération germanique, située au centre de l'Europe, se compose de 40 États allemands, elle a pour limites : la mer Baltique, le Schleswig, la mer du Nord, les Pays-Bas, la Belgique, la France et la Suisse, les provinces de l'Autriche non comprises dans la Confédération, la Pologne, la Russie et la Prusse royale.
78. Les Etats ont ensemble soixante-neuf voix à l'assemblée générale; plusieurs d'entre eux sont ou seront décrits avec la Hollande, le Danemark, la Prusse ou l'Autriche, dont ils font partie
79. Le royaume de Hanovre, composé de plusieurs provinces séparées, est borné par le Danemark, la mer du Nord, les Pays-Bas, la Hesse-Cassel, la Prusse; le Brunswick le borne aussi à l'E. Pop., 1 million 738,000 habitants, gouvernement absolu; capitale, Hanovre.
80. Grand-duché d'Oldenbourg, enclavé dans le Hanovre; pop 268,000 hab.; gouvernement absolu; capitale, Oldenbourg.
81. Seigneurie de Kniphausen enclavée dans l'Oldenbourg a 3,200 hab avec le château dont elle porte le nom.
82. Duché de Brunswick, composé de 6 territoires enclavés dans le Hanovre et la Prusse; 269,000 hab.; gouvernement représentatif; capitale, Brunswick.
83. Les deux principautés de Lippe, enclavés du Brunswick et du Hanovre, capitale Detmold et Buckeberg.
84. Principauté de Waldeck, enclave des précédentes; capitale Corbach.
85. Grands duchés du Mecklembourg : 2 duchés au S. de la mer Baltique.— Schwerin, à l'O.; 479,000 hab.; capitale, Schwérin. — Strélitz, à l'E.; 80,000 hab; capitale, Strélitz.
86 Principauté de Hesse Cassel, au S. de la Prusse et du Hanovre ; 722,000 habitants; capitale, Cassel.

87. Grand-duché de Hesse-Darmstadt, au S.-O. du précédent; 793,000 hab.; capitale, Darmstadt.
88. Landgraviat de Hesse-Hombourg, enclavé dans les précédents. Capitale, Hombourg.
89. Duché de Nassau, borné par la Prusse et la Hesse-Darmstadt; 388,000 habitants; capitale, Wiesbaden.
90. Grand-duché de Bade, au S. de la Hesse-Darmstadt, borne au S. et à l'O. par le Rhin; 1,227,000 hab; monarchie représentative; capitale, Karlsruhe.
91. Royaume de Wurtemberg, borné par le grand-duché de Bade et la Bavière; 1,647,000 hab.; monarchie représentative; capitale, Stuttgard.
92. Les deux principautés de Hohenzollern, au S. du Wurtemberg; capitales, Hechingen et Sigmaringen.
93. Royaume de Bavière borné par la Saxe, la Hesse, le Wurtemberg et les États autrichiens. Il possède à gauche du Rhin une province limitrophe de la France; 4,338,000 hab.; monarchie représentative; capitale, Munich.
94. Duchés de Saxe. — 4 duchés à l'E. du Brunswick et de la Hesse : Saxe-Weimar, 246,000 hab. — Saxe-Cobourg-Gotha, 140,000 hab. — Saxe-Meiningen-Hildburghausen, 149,000 hab. — Saxe-Altenbourg, 121,000 hab.
95. Au milieu de ces duchés sont enclavées : 1° les 2 principautés de Schwarzbourg, Rudolstadt et Sondershausen.
96. 2° Les 3 principautés de Reuss, de Greitz, Shleitz, Lobenstein et Ebersdorf.
97. 3° Les 3 principautés d'Anhalt, Dessau, Bernbourg et Kœthen
98. Royaume de Saxe entre la Prusse, la Saxe Ducale, la Bohême; 1,660,000 hab.; gouvernement représentatif; capitale, Dresde.
99. Les villes libres sont Francfort-sur-le-Mein, Brême, sur le Weser, Hambourg, sur l'Elbe, et Lubeck, sur la Trave.
100. La Confédération germanique est administrée par une diète siégeant à Francfort-sur-le-Mein, et dans laquelle chaque État est représenté suivant son importance. La population est de 40 millions d'habitants, luthériens au Nord et catholiques au Midi, dont 15 millions seulement pour les États qui n'ont pas de provinces étrangères à la Confédération. Le climat est humide et froid, le pays est accidenté et boisé. Les montagnes renferment des mines abondantes de métaux utiles et quelques pierres précieuses.

77. SITUATION, COMPOSITION ET LIMITES DE LA CONFÉDÉRATION GERMANIQUE. — La Confédération Germanique occupe, dans le N. de la partie centrale de l'Europe, le pays nommé généralement *Allemagne*. Cette confédération est formée par la réunion de 40 états d'importance différente, réunis pour leur sûreté commune. — Cette confédération a pour limites : au N. la mer Baltique, la province danoise du Schleswig et la mer du Nord; à l'O. les Pays-Bas, la Belgique, la France et la Suisse; au S. les provinces italiennes et allemandes de l'empire d'Autriche non comprises dans la Confédération, et à l'E. les provinces polonaises des empires d'Autriche et de Russie et du royaume de Prusse avec l'ancienne Prusse royale.

78. TABLEAU DES ÉTATS DE LA CONFÉDÉRATION GERMANIQUE. — Le tableau suivant indique quel rang chacun des États allemands occupe dans la Confédération, et dans quelle proportion il est représenté dans l'une et l'autre diète.

NOMS DES ÉTATS d'après leur rang à la diète.	Votes à la Diète	Superficies en kilomètres carrés.	Population
(1) I 1 Empire d'Autriche...............	4	195,735	11,713,950
II 2 Royaume de Prusse...............	4	184,965	12,466,000
III 3 Royaume de Bavière...............	4	76,890	4,338,370
IV 4 Royaume de Saxe................	4	14,960	1,665,590
V 5 Royaume de Hanovre.............	4	38,335	1,737,500
VI 6 Royaume de Wurtemberg..........	4	19,910	1,646,780
VII 7 Grand-duché de Bade............	3	15,180	1,227,260
VIII 8 Grand-duché de Hesse-Cassel	3	10,010	721,550
IX 9 Grand-duché de Hesse-Darmstadt	3	8,415	793,140
10 Landgraviat de Hesse-Hombourg......	1	275	23,400
X 11 Duché de Holstein et Lauenbourg...	3	9,625	476,950
XI 12 Gr.-duchés de Luxembourg et de Limbourg.	3	4,895	332,290
XII 13 Grand-duché de Saxe-Weimar	1	3,685	245,820
14 Duché de Saxe-Cobourg-Gotha	1	2,090	140,050
15 Duché de Saxe-Meiningen et Hildburghausen	1	2,420	148,590
16 Duché de Saxe-Altenbourg............	1	1,320	121,590
XIII 17 Duché de Brunswick.............	2	3,960	269,000
18 Duché de Nassau.................	2	4,675	387,570
XIV 19 Grand-duché de Mecklembourg-Schwerin.	2	12,540	478,800
20 Grand-duché de Mecklembourg-Strelitz...	1	2,585	87,820
XV 21 Grand duché d'Oldenbourg et seigneurie de Kniphausen	1	6,270	267,660
22 Duché d'Anhalt-Dessau.............	1	825	61,480
23 Duché d'Anhalt-Bernbourg...........	1	770	46,920
24 Duché d'Anhalt-Kœthen............	1	660	40,200
25 Principauté de Schwarzbourg Sondershausen	1	825	55,810
26 Principauté de Schwarzbourg-Rudolstad..	1	880	66,130
XVI 27 Principauté de Hohenzollern Hechingen (1).	1	330	20,100
28 Principauté de Hohenzollern-Sigmaringen (2)	1	715	42,990
29 Principauté de Lichtenstein..........	1	165	6,520
30 Principauté de Waldeck.............	1	1,210	56,480
31 Principauté de Reuss-Greitz.........	1	385	31,500
32 Principautés de Reuss Schleitz et de Reuss-Lobenstein-Ebersdorf.............	1	770	72,050
33 Principauté de Schauenbourg-Lippe....	1	550	27,600
34 Principauté de Lippe-Detmold........	1	1,155	82,970
XVII 35 Ville libre de Lubeck.............	1	330	47,200
36 Ville libre de Frankfort-sur-le-Mein....	1	110	64,570
37 Ville libre de Brême	1	275	57,800
38 Ville libre de Hambourg............	1	385	153,500
En tout 40 États	69	632,080	40,203,000

Des 40 États que nous venons de mentionner, dans le tableau ci-dessus, ceux qui font partie des *Pays-Bas* et du *Danemark*

(1) Les chiffres romains indiquent la répartition des voix à la diète de 17 membres. Plusieurs États sont souvent réunis pour une seule voix.
(2) Ces deux États sont unis à la Prusse.

ont été déjà décrits (nos 53 et 63) avec ces royaumes, ceux qui appartiennent à la Prusse et à l'Autriche le seront au chapitre prochain, nos 103 et 110, lorsque nous étudierons ces monarchies. Il nous reste donc à décrire ici les 34 autres États, nous le ferons en procédant géographiquement du N. au S. et de l'O. à l'E.

79. I. ROYAUME DE HANOVRE. POSITION, LIMITES, POPULATION, GOUVERNEMENT. — Le royaume de Hanovre, situé au N. O. de l'Allemagne, est composé de provinces séparées les unes des autres par divers États et entourées au N. par le Danemark et la mer du Nord, à l'O. par les Pays-Bas, au S. par la Hesse-Cassel et la Prusse, qui, avec le Brunswick, les borne aussi à l'E. — Il compte environ 1 million 740,000 habitants, dont la majorité suit la religion luthérienne. — Ce pays, qui a eu pendant plus d'un siècle les mêmes souverains que l'Angleterre, a recommencé en 1837 à avoir un roi particulier.

DIVISION, VILLES PRINCIPALES. — Le Hanovre est divisé en 7 provinces ou districts, dont les chefs-lieux sont : — HANOVRE (*Hannover*), vers le S. E., sur la *Leine*, affluent de *l'Aller*, capitale du royaume et de l'ancienne principauté de *Kalenberg*; ville industrieuse et très-commerçante (39,000 hab.). — OSNABRUCK, plus au S. O., siége d'un évêché catholique, autrefois souverain, remarquable par ses fabriques de draps et ses importants marchés de toiles. — A la même province appartient, quoique située bien plus au S., *Gottingen* ou *Gœttingue*, célèbre par son Université et sa riche bibliothèque. — KLAUSTHAL, plus au N. E., est le chef-lieu du district minier du *Hartz*. — LUNÉBOURG, au N. E. du royaume; capitale du duché du même nom, très-commerçante.

80. II. GRAND-DUCHÉ D'OLDENBOURG. — Le grand-duché d'Oldenbourg est entouré de toutes parts par le Hanovre, si ce n'est au N., où il touche la mer d'Allemagne. — Cette petite monarchie absolue compte 267 mille habitants. Le pays produit d'excellents chevaux. — Il a pour capitale OLDENBOURG, à peu près au centre, jolie ville assez commerçante.

81. III. SEIGNEURIE DE KNIPHAUSEN. — Cette petite seigneurie, le plus faible des États de la Confédération Germanique et de l'Europe, est enclavée au N. de l'Oldenbourg; elle compte seulement 3,200 habitants, et *Kniphausen*, où se trouve le château du comte de Bentinck, son seigneur, n'en a qu'une cinquantaine.

82. IV. DUCHÉ DE BRUNSWICK. — Ce duché se compose de six territoires, enclavés dans le Hanovre et la Prusse, et comprenant ensemble une population de 269 mille habitants. — Il a un gouvernement représentatif. — Capitale, BRUNSWICK (*Brunschweig*), sur l'*Ocker*, tributaire du Wéser, grande ville qui possède de beaux édifices (36 mille habitants). — *Wolfenbuttel*, plus au S. E., a une belle bibliothèque.

83. V ET VI. PRINCIPAUTÉS DE LIPPE. — On peut placer parmi les enclaves du Brunswick et du Hanovre les principautés de LIPPE-DETMOLD (82,970 hab.); capitale DETMOLD, au S. O. de Hanovre, et de SCHAUENBOURG-LIPPE (27,600 hab.); capitale, *Buckeberg*, plus au N.

84. VII. WALDECK. — Cette principauté (56,480 habit.) est enclavée aussi en partie dans les précédentes. Outre sa capitale *Corbach*, au S. de Detmold, on doit y citer *Pyrmont*, renommée par ses eaux minérales.

85. VIII ET IX. GRANDS-DUCHÉS DE MECKLEMBOURG. — Le Mecklembourg, situé au N. E. du Hanovre, sur la mer Baltique, forme deux grands-duchés, distingués entre eux par les noms de leurs capitales. Ces deux grands-duchés sont :

VIII. Celui de MECKLEMBOURG-SCHWÉRIN, à l'O., avec une population de 479 mille habitants; capitale SCHWÉRIN, entre deux lacs, dont le plus considérable porte son nom et renferme plusieurs îles, dans l'une desquelles est bâti le palais du grand-duc. — *Ludwigslust*, joli bourg, plus au S., a un château magnifique où le prince faisait autrefois sa résidence ordinaire. — *Rostock*, plus au N., port près de l'embouchure de la *Warnow*, est la ville la plus grande, la plus industrieuse et la plus commerçante du grand-duché (49 mille hab.).

IX. Le grand-duché de MECKLEMBOURG-STRÉLITZ, à l'E. du précédent, a 88 mille habitants; capitale STRÉLITZ, divisé en *vieux* et *nouveau Strélitz*. Le dernier renferme le palais du grand-duc.

86. X. PRINCIPAUTÉ DE HESSE-CASSEL. — La principauté électorale de Hesse, appelée aussi *Hesse-Cassel* du nom de sa capitale, est située au S. de la Prusse et du Hanovre. Elle compte 722 mille habitants. Ville principale : CASSEL, sur la *Fulde*, affluent du Wéser au N., l'une des plus belles villes de l'Allemagne; capitale de la principauté. (32 mille hab.)

87. XI. GRAND-DUCHÉ DE HESSE-DARMSTADT. — Le grand-duché de Hesse-Darmstadt est situé au S. O. du précédent, et séparé en deux parties par le territoire de Francfort sur-le-Mein. Il compte 793 mille habitants. Ses principales villes sont : — DARMSTADT, vers le S., près de la rive droite du Rhin, capitale du grand-duché, avec de beaux édifices et un riche musée.

(30 mille hab.)—MAYENCE (*Mainz*), sur la rive gauche du Rhin, vis-à-vis son confluent avec le Mein; siége d'un évêché catholique et la plus importante forteresse de la Confédération Germanique (32 mille habitants).— *Worms*, plus au S. O., sur la rive gauche du Rhin, ville très-ancienne, célèbre sous les Carlovingiens, et dans laquelle s'assemblèrent souvent les diètes germaniques.

88. XII. **HESSE-HOMBOURG.** — Le petit Landgraviat de ce nom se compose de plusieurs territoires enclavés dans les États précédents, et comprenant ensemble 23 à 24 mille habitants. Cette monarchie doit son surnom à sa capitale, petite ville de 3 mille habitants, au N. de Francfort-sur-le-Main.

89. XIII. **DUCHÉ DE NASSAU.** — Le duché de Nassau est entouré par la Prusse à l'O. et au N., et par la Hesse-Darmstadt à l'E. et au S. Il compte environ 388 mille habitants. Sa capitale est WIESBADEN, au N. du confluent du Rhin et du Main; elle doit son nom à ses eaux thermales, déjà renommées sous la domination romaine.

90. XIV. **GRAND-DUCHÉ DE BADE.** — Le grand-duché de Bade, situé au S. de celui de Hesse Darmstadt, s'étend tout le long de la rive droite du Rhin, qui le sépare de la France.— Il compte 1 million 227 mille habitants. Son gouvernement est monarchique et représentatif. — Ses villes principales sont: KARLSRUHE, vers le N., non loin du Rhin, capitale du grand-duché; ville bâtie très-régulièrement et possédant de beaux édifices. (23 mille habit.) — MANNHEIM, plus au N., au confluent du Neckar et du Rhin; la seconde du grand-duché. — CONSTANCE (*Konstanz*), plus au S. E., sur la rive méridionale du lac de son nom. — *Heidelberg*, au S. E. de Manheim; ancienne et fameuse université possède un observatoire. — *Rastadt*, au S. O. de Karlsruhe, célèbre par les congrès de 1714 et 1798. — BADE ou *Baden-Baden*, un peu plus au S., jolie petite ville renommée par ses eaux thermales.

91. XV. **ROYAUME DE WURTEMBERG.** — Le royaume de Wurtemberg est renfermé entre le grand-duché de Bade, au N. O., à l'O. et au S. O., et la Bavière, au S. E., à l'E. et au N. E. — Sa population est d'environ 1 million 647 mille habitants, la plupart luthériens. Son gouvernement est monarchique et représentatif. — Les principales villes sont: STUTTGART, au centre, près du Neckar, capitale du royaume, possédant une des plus riches bibliothèques du monde. (40 mille habitants.) — LUDWIGSBURG, un peu plus au N., aussi sur le *Neckar*, chef-lieu du cercle de ce nom, petite ville moderne, la

plus régulière et la principale place d'armes du royaume, avec un vaste château royal. — ULM, au S. E. de Stuttgart, sur le Danube; chef-lieu du cercle du *Danube*, avec une magnifique cathédrale. Les Français y prirent, en 1805, une armée allemande de 36 mille hommes.

92. XVI ET XVII. PRINCIPAUTÉS DE HOHENZOLLERN. — Les deux principautés de Hohenzollern sont situées au S. du Wurtemberg; elles se distinguent par le nom de leurs capitales : *Hechingen*, au N., petite ville voisine du château de Hohenzollern, berceau de la famille royale régnante en Prusse; et *Sigmaringen*, plus au S. E., sur le Danube. Ces principautés sont réunies à la Prusse.

93. XVIII. ROYAUME DE BAVIÈRE. — BORNES. POPULATION. RELIGION. GOUVERNEMENT. Le royaume de Bavière (*Baiern*) est borné au N. par la Saxe, à l'O. par la Hesse et le Wurtemberg, au S. par le Tyrol, et à l'E. par l'Autriche et la Bohême. Il comprend, en outre, sur la rive gauche du Rhin, le *cercle du Rhin* ou *Bavière rhénane*, enclavé entre la Hesse au N., le grand-duché du Bas-Rhin à l'O., la France au S., et le Rhin, qui le sépare du grand-duché de Bade, à l'E. Sa population est de 4 millions 338 mille habitants, dont la grande majorité professe la religion catholique. Son gouvernement est une monarchie représentative.

VILLES PRINCIPALES. Les villes les plus remarquables de la Bavière sont : MUNICH (*München*), vers le S., sur l'*Isar*, affluent du Danube, capitale du royaume et du cercle de la *Bavière Supérieure;* archevêché; l'une des plus belles villes de l'Europe. (100 mille hab.) — PASSAU, plus au N. E., au confluent de l'*Inn*, de l'*Itz* et du Danube; ville très-ancienne et très-forte. — AUGSBOURG, au N. O. de Munich, sur le *Lech*, affluent du Danube; évêché; ville très-industrieuse (35,000 hab.). — RATISBONNE (*Regensburg*), plus au N. E., au confluent de la *Regen* et du Danube, que l'on y passe sur un beau pont; ancienne capitale de la Bavière sous la race carlovingienne; évêché. — *Nuremberg*, ville forte, la seconde de la Bavière par sa population (47 mille habitants), et l'une des plus importantes de l'Allemagne par son industrie et son commerce. — SPIRE, près de la rive gauche du Rhin; évêché; ville importante au moyen âge, capitale du cercle du *Palatinat* ou de la *Bavière rhénane*, où l'on remarque encore : *Landau*, plus au S. O., forteresse très-importante, autrefois à la France, *Deux-Ponts*, ancienne capitale du duché de ce nom.

94. XIX, XX, XXI ET XXII. DUCHÉS DE SAXE. — Les

possessions de la branche *ducale* de la maison de Saxe sont situées à l'E. de Brunswick et de la Hesse, dans l'ancien duché de Saxe, devenu en grande partie une province prussienne. Elles sont divisées, depuis la fin de 1826, en 4 principautés portant les noms suivants, savoir :

XIX. Le grand-duché de SAXE-WEIMAR, ayant 246 mille habitants et pour villes principales : WEIMAR, capitale au centre, l'une des villes savantes de l'Allemagne. — IÉNA, au S. E. de Weimar, célèbre par son université, et par une grande victoire des Français sur les Prussiens en 1806.

XX. Le duché de SAXE-COBOURG-GOTHA, renfermant 140 mille habitants, et ayant pour villes principales : COBOURG, au S., sur l'*Itz*, et GOTHA, au N., sur la *Leine*; ville importante par son industrie et ses établissements scientifiques.

XXI. Le duché de SAXE-MEININGEN-HILDBURGHAUSEN-ET-SAALFELD, peuplé de 149,000 habit., et ayant pour villes principales : MEININGEN, jolie petite capitale à l'O.; HILDBURGHAUSEN au S. E., et SAALFELD au N. E.

XXII. Le duché de SAXE-ALTENBOURG, peuplé de 112,000 habitants, et ayant pour capitale ALTENBOURG, sur la *Pleiss*, à l'E. de Weimar.

Au milieu des duchés de Saxe sont disséminées les 8 principautés suivantes, savoir:

95. XXIII ET XXIV. Les deux principautés de SCHWARZBOURG, distinguées par les noms de leurs capitales : — RUDOLSTADT, au S. E. de Gotha, remarquable par ses établissements littéraires. — SONDERSHAUSEN, beaucoup plus au N. O., jolie ville de 3,600 hab.

96. XXV, XXVI ET XXVII. Les trois principautés de la maison de REUSS se distinguant aussi par les noms de leurs capitales, savoir : GREITZ, au S. E. d'Iéna, ville industrieuse de 7,000 hab. — SCHLEITZ, plus au S. O., jolie ville de 5,000 habit. — LOBENSTEIN et EBERSDORF, plus au S., ville de 5,000 hab., et bourg de 1,100, donnent ensemble leurs noms à la troisième branche. — *Gera*, plus au N. E., est la ville la plus importante des trois principautés; 9,000 hab.

97. XXVIII, XXIX ET XXX. Les trois principautés de la maison d'ANHALT, distinguées également par les noms de leurs capitales, savoir : DESSAU, au N. des précédentes, dans la délicieuse vallée de la *Mulde* (10,000 hab.). — BERNBOURG, plus à l'O. (5 000 hab.). — KOETHEN, plus au S. E.

98. XXXI ROYAUME DE SAXE. — Le royaume de Saxe

(*Sachsen*), dont le souverain a perdu, en 1814, une partie de ses anciennes possessions, est borné au N. et à l'E. par la Prusse, à l'O. par les principautés précédemment décrites, au S. enfin par la Bohême Il contient 1,660,000 hab. Le gouvernement est monarchique et représentatif.

Les villes les plus importantes sont : DRESDE, sur l'Elbe, capitale du royaume, l'une des villes les plus belles et les mieux situées de l'Allemagne. Les Français y battirent, en 1813, les armées confédérées. (90 mille habitants.) — LEIPZICK au N. O. de Dresde, fameuse par ses trois foires annuelles, consistant surtout en livres, par son université, et par la terrible bataille qui se livra dans ses plaines en 1813; patrie de Leibnitz. (55,000 hab.) — FREIBERG, plus au S. O., dont les riches mines d'argent fournissent, par an, plus de 15,000 kilog. de ce métal.

99. XXXII, XXXIII, XXXIV, XXXV. VILLES LIBRES. — Les quatre villes libres de la Confédération Germanique sont : FRANKFORT-SUR-LE-MAIN, à l'O. de l'Allemagne, enclavée au milieu du grand-duché de Hesse-Darmstadt ; siége de la diète germanique ; avec une magnifique cathédrale où l'on couronnait autrefois les empereurs d'Allemagne. (60 mille habitants.)

BRÊME, beaucoup plus au N., sur le Wéser, entre le grand-duché d'Oldenbourg à l'O. et le Hanovre à l'E. ; entrepôt de commerce d'une partie du N. de l'Allemagne. (58,000 hab.)

HAMBOURG, plus au N. E., sur l'Elbe, entre le Hanovre au S., le Holstein à l'O. et au N., et le Lauenbourg à l'E. ; l'une des villes les plus commerçantes de l'Europe (154,000 habitants); elle a pour port avancé *Cuxhaven*, à l'embouchure de l'Elbe.

LUBECK, plus au N. E. encore, sur la *Trave*, une des places de commerce les plus considérables de l'Europe (46,000 habitants). — *Travemunde*, située à l'embouchure de la Trave dans la Baltique, peut être regardée comme le port de Lubeck.

100. GOUVERNEMENT. POPULATION. RELIGION. NOTIONS DIVERSES. — La Confédération Germanique est administrée par une diète ou assemblée siégeant à *Frankfort-sur-le-Mein*. Cette assemblée, présidée par l'Autriche, se compose de dix-sept membres, pour toutes les affaires ordinaires, et de soixante-neuf membres, parmi lesquels chacun des États est représenté en proportion de son importance, pour les affaires qui touchent aux lois fondamentales. La population générale est d'environ 41 millions d'habitants, chez lesquels le luthéranisme domine dans le Nord et la religion catholique dans le Midi. Dans ce nombre est comprise la population des pro-

vinces appartenant à la Confédération, dans les États du Danemark, de la Hollande, de la Prusse et de l'Autriche; sans lesquelles la population des autres États réunis dépasse à peine 15 millions et demi.

Le climat de l'Allemagne est froid et humide dans le nord, couvert en grande partie de landes et de marécages; le centre et le midi sont entrecoupés de montagnes, de vallons très fertiles et d'immenses forêts, dont la plus célèbre est la forêt *Noire*, dans le grand-duché de Bade et le Wurtemberg. La température y est généralement douce et salubre. Les bords du Rhin produisent des vins estimés. Les montagnes du centre, parmi lesquelles on distingue celles du *Harz*, au S. E. du Hanovre, sont riches en métaux de toute espèce, et particulièrement en argent et en plomb; celles du *Erz*, qui séparent le royaume de Saxe de l'empire d'Autriche, recèlent d'abondantes mines d'un fer excellent que les Allemands ont l'art de travailler avec une rare perfection. Toutes ces montagnes renferment aussi un grand nombre de pierres précieuses, telles que des topazes, des agates, des améthystes et du cristal de roche.

QUESTIONNAIRE. — 77. Comment est formée la Confédération germanique et où est-elle située? — Quelles sont ses bornes? — 78 Indiquez les principaux États de la Confédération suivant le rang qu'ils occupent dans la Confédération. — 79. Faites connaître les bornes, la religion et le gouvernement, les divisions, les villes principales du royaume de Hanovre — 80. Décrivez le grand-duché d'Oldenbourg. — 81 Décrivez la seigneurie de Kniphausen. — 82. Décrivez le duché de Brunswick. — 83 Décrivez les principautés de Lippe. — 84. Décrivez la principauté de Waldeck. — 85. Décrivez les duchés de Mecklembourg. — 86. Décrivez la principauté de Hesse Cassel. — 87 Décrivez le grand-duché de Hesse-Darmstadt. — 88. Décrivez le landgraviat de Hesse-Hombourg. — 89. Décrivez le duché de Nassau. — 90. Faites connaître le grand-duché de Bade. — 91. Quels sont les bornes, la population, la religion et le gouvernement, les villes principales du royaume de Wurtemberg? — 92. Faites connaître les principautés de Hohenzollern. 93. Quels sont les bornes, la population, la religion et le gouvernement du royaume de Bavière? — 94 Décrivez les duchés de Saxe. — 95 Décrivez les principautés de Schwarzbourg. — 96 Décrivez les principautés de Reuss. — 97. Décrivez les principautés d'Anhalt. — 98. Faites connaître la géographie du royaume de Saxe. — 99. Faites connaître la situation, la population, l'importance des quatre villes libres — 100 Quel est le gouvernement de la Confédération germanique? — Où siège-t-il? — Quelle est la population générale de la Confédération et quelles religions y sont suivies? — Quelle est la population réunie des États qui n'ont pas de provinces étrangères à la Confédération? — Quel est le climat et quelles sont les productions diverses des contrées qui forment la Confédération?

CHAPITRE SEPTIÈME.

PRUSSE. — AUTRICHE.

SOMMAIRE.

§ I. 101 Les États prussiens, situés au Nord de la partie centrale de l'Europe, se composent de deux parties separées : l'une bornée au N. par la Baltique, le Mecklembourg, le Hanovre, la Hesse, les principautés et le royaume de Saxe, l'Autriche, la Pologne et la Russie ; la seconde partie, ou Prusse Rhénane, est située entre le Hanovre, la Hesse, les Pays Bas, la Belgique, la France et de petits États allemands.

102. Les États prussiens se divisent en provinces, dont les unes font partie de la Confédération Germanique, et dont les autres lui sont étrangères.

103. Les premières sont : les provinces de la Prusse Rhénane, Westphalie, Poméranie, grand-duché de Brandebourg, duché de Saxe et Silésie, divisés en dix-neuf régences. Berlin est la capitale du royaume. Les villes principales sont : Magdebourg, Frankfort-sur-l'Oder, Stralsund, Stettin, Breslau, Munster, Dusseldorf, Cologne, Aix-la-Chapelle

104. Les seconds sont : la Prusse royale et le grand-duché de Posen, divisés en six régences. Villes principales : Danzig, Kœnigsberg, Posen, etc.

105. La Prusse possède trois îles remarquables dans la mer Baltique : Wollin, Usedom et Rugen, capitale Bergen.

106. Les possessions éloignées sont les deux principautés de Hohenzollern.

107. La population est d'environ 16 millions d'habitants, dont les deux tiers sont luthériens. Le gouvernement est une monarchie représentative. Cet État, qui n'a pris rang en Europe que depuis le commencement du dernier siècle, se développe rapidement. Le climat et les productions sont ceux de l'Allemagne.

§ II. 108. Les États autrichiens situés dans la partie centrale et méridionale de l'Europe sont limités au N. par la Pologne, la Prusse et la Saxe ; au N.-O. par la Bavière ; à l'O. par la Suisse et le Piemont, au S. par les duchés de Parme et de Modène, les États de l'Église, la mer Adriatique et la Turquie ; à l'E. par la Turquie et la Russie.

109. Les États autrichiens se divisent en : 1° provinces de la Confédération Germanique ; 2° provinces qui n'en font pas partie ; 3° provinces italiennes.

110. Les premières forment 8 gouvernements, savoir : I. 1° Basse-Autriche, chef-lieu, Vienne, capitale de l'empire ; 2° Haute-Autriche, chef lieu Lintz ; 3° Tirol, chef-lieu Inspruck ; 4° Stirie, capitale Graetz ; 5° province de Laybach, N. du royaume d'Illyrie. chef lieu Laybach ; 6° province de Trente, S. du même royaume, chef-lieu Trieste. — II. 7° La Bohème a 4 millions d'habitants. Capitale Prague. — III. 8° Le gouvernement de Moravie et Silésie, à l'O. du précédent, a 2 millions d'habitants. Capitale Brunn.

111. Il y a 8 provinces qui ne font pas partie de la Confédération, formant 5 gouvernements, savoir : 1° Le gouvernement de Gallizie, au N.-E. de l'Au-

triche, contient 4 millions et demi d'habitants. Capitale Lemberg. Cracovie y est annexée. — 2° Le gouvernement de la Hongrie — 3° celui de Slavonie et Croatie, ont 9 millions et demi d'habitants. Capitale, Bude; villes principales : Pesth, Presbourg et Agram. — 4° Le gouvernement de Transylvanie, au S. de la Hongrie, a 2 millions d'habitants. Capitale : Klausenbourg. — 5° Le gouvernement des limites militaires comprend les frontières S. de la Hongrie et de la Transylvanie. — 6° Le gouvernement de Dalmatie, avec l'Albanie, au S. E. de la Croatie, a 360,000 habitants. Capitale : Zara.

112. Les îles Illyriennes, situées sur les côtes de l'Adriatique, appartiennent à l'Autriche. Les principales sont : Veglia, Cherso, Brazza, Lesina, etc.

113. La population de l'empire dépasse 37 millions et demi d'habitants, dont 28 millions de catholiques; le reste protestant et grec. Le climat et les productions sont variés par le voisinage des montagnes. La Hongrie produit des métaux précieux. La température est douce et salubre.

§ I. — Prusse (1).

101. Situation et limites. — Les États du roi de Prusse situés dans la partie centrale et septentrionale de l'Europe, se composent de deux parties distinctes, dont l'une a pour bornes, au N., la Baltique et le Mecklembourg; à l'O., le Hanovre et la Hesse; au S., les principautés et le royaume de Saxe, les États Autrichiens; à l'E., la Russie. La seconde partie des États prussiens, désignée sous le nom de *Prusse Rhénane* ou *grand-duché du Bas-Rhin*, est séparée de la Prusse, à l'E., par le Hanovre et la Hesse, et entourée par le Hanovre au N., les Pays-Bas et la Belgique à l'O., la France et plusieurs petits États allemands au S.

102. Grandes divisions territoriales. — Les États Prussiens sont de deux espèces : 1° ceux qui font partie de la Confédération germanique, à l'O., renfermant six provinces subdivisées en dix-neuf régences, et qui sont : la *Prusse Rhénane*, à l'O.; la *Westphalie*, au N. O.; la *Poméranie*, au N.; le *grand-duché de Brandebourg*, au centre; le *duché de Saxe*, au S. O.; et celui de *Silésie*, au S. E. — 2° Les États qui ne font pas partie de la Confédération Germanique, formant deux provinces subdivisées en six régences, et qui sont : l'ancienne *Prusse Royale*, et le *grand duché de Posen*, composé de la partie de la Pologne qui appartient à la Prusse. Toutes les régences portent les noms de leurs capitales.

103. Villes principales des provinces appartenant a la Confédération germanique. — Les villes principales

---

(1) Voir, dans l'atlas de M. Ansart, la carte de l'Europe centrale.

des provinces qui font partie de la Confédération Germanique, sont :

Dans le *Brandebourg* : BERLIN, sur la Sprée, capitale du grand-duché de *Brandebourg* et de tout le royaume de Prusse (424,000 habit.). Au S. O. est *Potsdam*, chef-lieu de régence, le Versailles de la Prusse (40,000 habit.), et voisin du célèbre château de *Sans-Souci*, maison de plaisance des rois. — *Francfort*, sur l'Oder, au S. E. de Berlin, chef-lieu de cercle, célèbre par ses foires, ses belles rues et ses monuments. — *Brandebourg* (*Brandeburg*), à l'O. de Potsdam, ville très-ancienne, qui a donné son nom au margraviat devenu ensuite électorat, puis grand-duché (18,000 habitants).

Dans la *Saxe* : MAGDEBOURG, sur l'Elbe, capitale du duché de *Saxe*, ville très-forte (55,000 habitants). — *Erfurth*, ville forte, enclavée entre les principautés de Saxe-Gotha et Weimar, chef-lieu de régence (32,000 habitants). — *Halle*, au S. E. de Magdebourg, remarquable par ses salines et par sa célèbre université (34,000 habitants). — *Lutzen*, au S. E., illustrée par deux victoires, l'une remportée sur l'empereur d'Allemagne, en 1632, par le roi de Suède Gustave-Adolphe, qui la paya de sa vie, et l'autre gagnée par les Français sur les Prussiens et les Russes, en 1813.

Dans la *Poméranie prussienne* : STETTIN, au N. E. de Berlin, sur l'Oder, capitale de la province, ville très-forte et très-commerçante (47,000 habitants). — *Stralsund*, au N. O. de Stettin, sur le détroit qui sépare l'île de Rugen du continent ; capitale de l'ancienne *Poméranie suédoise*, ville très-forte (19,000 habitants).

Dans la *Silésie* : BRESLAU, au S. E. de Berlin, sur l'Oder, capitale de la province, et qui mérite le nom de troisième capitale de la Prusse par ses monuments, son industrie, son commerce et sa population, qui est de 111,000 habit. — GLOGAU, plus au N., place forte sur l'Oder (15,000 habitants). — OPPELN, plus au N. E., sur l'Oder, chef-lieu de régence.

Dans la *Westphalie* : MUNSTER, au N. O., capitale de la province, évêché ; célèbre par le traité de paix de 1648 (25,000 habitants). — *Dusseldorf*, au S. O. de Munster, ville grande et industrieuse, avec un port très-actif sur le Rhin, chef-lieu de régence (27,000 habitants). — MINDEN, au S. E. de Munster, chef-lieu d'une régence où l'on trouve encore plus au S. PADERBORN, évêché ; ville fondée, dit-on, par Charlemagne.

Dans la *Prusse Rhénane* : COLOGNE (*Koln*) sur le Rhin, capitale de la province, archevêché catholique ; ville forte, renommée par son eau aromatique, (95,000 habit.). — Aix-la-Chapelle (*Aachen*), au S. O. de Cologne, chef-lieu de régence, choisie par Charlemagne pour être le siège de son empire, et célèbre par plusieurs traités de paix (51,000 habitants). — *Coblentz*, au confluent du Rhin et de la Moselle, chef-lieu de régence ; ville forte (25,000 habitants). — *Trèves* (*Trier*), sur la Moselle, ville très-importante sous les Romains, et regardée comme la plus ancienne de l'Allemagne, chef-lieu de régence, évêché.

104. **Villes principales des provinces étrangères a la Confédération germanique.** — Les principales villes situées dans les provinces étrangères à la Confédération Germanique sont :

Dans la *Prusse Royale* : Danzig, au N., près de la Vistule et du golfe auquel elle donne son nom ; capitale d'une régence formée de l'ancienne *Prusse Occidentale*, et l'une des villes les plus importantes de l'Europe par son commerce et ses richesses (65,000 habitants). — Koenigsberg, au N. E., sur le *Prégel*, près de la mer ; ville forte. Elle est la seconde capitale du royaume et celle de la province de *Prusse*, formée de l'ancienne *Prusse Royale* (75,000 habit.). — *Eylau* et *Friedland*, au S. E. de Kœnigsberg, célèbres par les victoires qu'y remportèrent les Français sur les Prussiens et les Russes, en 1807, et qui amenèrent la paix qui fut signée à *Tilsitt*, près du Niémen, au N. E. de Kœnigsberg.

Dans le *grand-duché de Posen* : Posen (*Poznan*), sur la Warta, capitale du grand-duché (45,000 habitants). — *Gnesen* ou *Gnesne*, au N. E. de Posen, archevêché catholique dont le titulaire réside à Posen : c'est, dit-on, la première ville bâtie en Pologne ; on y couronnait autrefois les rois de ce pays. — *Bromberg*, au N. E. de Posen, chef-lieu de régence.

105. **Iles.** — La Prusse possède dans la mer Baltique trois îles, savoir : Wollin, Usedom, entre les embouchures de l'Oder, renfermant chacune une ville du même nom. — Rugen, vis-à-vis de Stralsund, au N. O. des précédentes, mais plus considérables, fortifiée par l'art et la nature. Capitale : *Bergen*, au N. (3,000 hab.)

106. **Possessions éloignées.** — On peut encore citer comme se rattachant à la Prusse les deux principautés de *Hohenzollern, Hechingen* et *Sigmaringen*, berceau de la famille régnante en Prusse, qui ont été décrites dans la Confédération Germanique à laquelle elles appartiennent (n° 92), mais qui sont depuis 1855 réunies à la Prusse. — Le roi de Prusse élevait aussi des droits à la possession de la ville et du canton suisse de Neufchâtel, mais l'indépendance de cet État et son annexion à la Confédération Helvétique ont été consacrées par un traité en 1857.

107. POPULATION. RELIGION. GOUVERNEMENT. NOTIONS DIVERSES. — La population générale de tous les États prussiens monte environ à 16 millions d'habitants dont les deux tiers sont luthériens et un tiers catholique. Le gouvernement est une monarchie représentative.

La Prusse n'a pris rang parmi les grandes nations européennes que depuis le commencement du siècle dernier; son territoire s'est agrandi des débris de la Pologne et des États de princes dépossédés à la suite des guerres du commencement du siècle. Le climat et les productions de la Prusse sont à peu près les mêmes que ceux de l'Allemagne (n° 100). Les montagnes du *Harz*, riches en métaux précieux, s'étendent dans la partie méridionale. A leur pied se trouvent de belles vallées, couvertes de gras pâturages. Le grand-duché du Bas-Rhin, quoique en partie couvert de forêts, est généralement fertile en grains et en vins connus sous le nom de *vins du Rhin*. On recueille sur les bords de la mer, vers les embouchures de la Vistule, une grande quantité de succin ou ambre jaune.

§ II. — AUTRICHE (1).

108. SITUATION. LIMITES. — Les États de l'empereur d'Autriche, situés dans la partie méridionale du centre de l'Europe, sont bornés au N. par la Russie, la Pologne, la Prusse et la Bavière; à l'O., par la Suisse et le Piémont; au S., par les duchés de Parme et de Modène, les États du Pape, la mer Adriatique et la Turquie d'Europe, qui les borne aussi à l'E.

109. GRANDES DIVISIONS. — Les États de l'empereur d'Autriche sont de trois espèces : 1° les provinces qui font partie de la Confédération Germanique; 2° celles qui n'en font pas partie; 3° les possessions d'Italie, que nous ne décrirons qu'en parlant de l'Italie (n° 121). — Toutes ces possessions forment aujourd'hui 16 gouvernements, dont 8 dans les provinces de la Confédération, 6 dans celles qui n'en font point partie, et 2 dans les provinces italiennes.

110. PROVINCES DE L'EMPIRE D'AUTRICHE QUI FONT PARTIE DE LA CONFÉDÉRATION. — Les provinces de l'empire d'Autriche qui font partie de la Confédération Germanique forment 8 gouvernements, savoir : 1 et 2 ceux de la *Basse* et de la *Haute-Autriche;* 3 celui du *Tirol*, au S. O.; 4 celui de *Stirie;* 5 celui de *Laybach*, comprenant la *Carinthie* et la *Carniole;* 6 celui de *Trieste* ou de l'*Istrie Autrichienne*, au S.; 7 le royaume de *Bohême*, au N. O., et 8 le margraviat de *Moravie* et *Silésie*, au N.

---

(1) Voir, dans l'atlas de M. Ansart, la carte de l'EUROPE CENTRALE.

I. Gouvernements de Basse et Haute-Autriche, de Tirol, de Stirie, de Laybach et de Trieste. — Villes principales. — Ces six gouvernements ont pour villes principales : VIENNE, sur le Danube, capitale de la *Basse-Autriche* et de tout l'empire; assiégée inutilement deux fois par les Turcs, et prise par les Français en 1805 et 1809. (Pop., 420,000 hab.)

A peu de distance se trouvent les maisons de plaisance impériales de *Laxembourg* et de *Shœnbrunn.* — *Wagram*, au N. E. de Vienne, célèbre par une grande victoire des Français en 1809. — Lintz, sur le Danube, capitale de la *Haute-Autriche*, ville forte (24,000 hab.) —*Salzbourg*, au S. O. de Lintz, archevêché autrefois souverain; patrie de Charlemagne. — Inspruck (*Insbruck*), au S. O., sur l'Inn, capitale du *Tirol.* —*Trente*, au S. O. d'Inspruck, sur l'Adige, fameuse par le concile général qui s'y tint, en 1545, contre les protestants. — Grætz, au S. O. de Vienne, sur la Muhr; capitale de la *Stirie;* archevêché. —Klagenfurt, au S. O de Grætz, capitale de l'ancienne province de *Carinthie.* — Laybach, au S. E. de Klagenfurt, remarquable par le congrès de 1820, capitale de l'ancienne province de *Carniole,* et aujourd'hui d'un gouvernement qui comprend cette province et la précédente, et qui forme la partie septentrionale du *royaume d'Illyrie*, dont cette ville est aussi considérée comme la capitale. — Trieste, port de mer sur le golfe du même nom, formé par la mer Adriatique, capitale de l'ancienne *Istrie Autrichienne,* et aujourd'hui, du gouvernement de Trieste, qui comprend la partie méridionale du royaume d'*Illyrie* (70,000 hab.).—*Capo d'Istria*, plus au S., sur un rocher; joint à la terre par une chaussée; port fortifié et évêché; ancienne capitale de l'*Istrie Autrichienne.* — *Pola*, autre port fortifié à l'extrémité de l'Istrie, évêché remarquable par ses belles antiquités romaines.

II. Gouvernement de Bohême. Villes principales. — La Bohême (*Bœhmen*), située au N. de l'empire d'Autriche, est entourée complétement par les monts *Bœhmerwald*, *Erz*, *Riesen* et *Moraves;* elle forme un royaume dont la population dépasse 4 millions d'habitants. —Les villes principales sont : — Prague, au centre, sur la Moldau, capitale, ville grande et forte. (120,000 habitants.) Les Français y soutinrent un siége mémorable en 1742. — *Reichenberg*, au N., la seconde ville du royaume par sa population et son industrie (14,000 h.). — *Tœplitz* et *Karlsbad*, vers la frontière du N. O., possèdent des sources d'eaux thermales renommées.

III. Gouvernement de Moravie et de Silésie. Villes prin-

CIPALES. — Le gouvernement de MORAVIE et de SILÉSIE, composé de l'ancien margraviat de Moravie et de la portion de la Silésie qui est restée à l'Autriche, en 1742, après qu'elle en eut cédé la plus grande partie à la Prusse, est situé à l'E. de la Bohême, et renferme près de 2 millions d'habitants. — Ses villes principales sont : — BRUNN, capitale de la *Moravie* et le centre de son commerce ; archevêché. (42,000 hab.). — Au S. E. se trouve la petite ville d'*Austerlitz*, illustrée par une fameuse victoire des Français sur les Autrichiens et les Russes, en 1805. — TROPPAU, au N. E. de Brunn, capitale de la *Silésie Autrichienne* (12,000 hab.).

111. PROVINCES INDÉPENDANTES DE LA CONFÉDÉRATION GERMANIQUE. — Les provinces de l'empire d'Autriche qui ne font pas partie de la Confédération sont au nombre de 8, formant 6 gouvernements : 1° le royaume ou gouvernement de *Galizie*, avec la *Bukhowine*, au N.; 2° le royaume de *Hongrie*, qui forme avec 3° ceux de *Slavonie* et de *Croatie* 2 autres gouvernements au centre; 4° le gouvernement de *Transylvanie*, à l'E.; et enfin les deux gouvernements, 5° des *Limites militaires*, et 6° du royaume de *Dalmatie* avec l'*Albanie*, au S.

I. GOUVERNEMENT DE GALIZIE. POSITION. POPULATION. VILLES PRINCIPALES. — Ce gouvernement, situé au N. E. de l'empire d'Autriche, comprend le royaume de *Galizie* et *Lodomérie*, provinces qui forment la partie méridionale de l'ancienne Pologne, dont l'Autriche s'est emparée en 1772, et la *Bukhowine*, petite province démembrée de la Moldavie. Il contient 5,560,000 habitants, et a pour villes principales : — LÉOPOLD OU LEMBERG, au centre, capitale du royaume, ville grande et commerçante, prise d'assaut par le roi de Suède, Charles XII, en 1704 (60,000 hab.).

La république de CRACOVIE (*Krakow*), du nom de sa capitale, située sur la Vistule, a été supprimée en 1846, et annexée à la Galizie.

II. GOUVERNEMENTS DE HONGRIE ET DE CROATIE. SITUATION. POPULATION. VILLES PRINCIPALES.—La HONGRIE (*Ungarn*, allem., et *Magyar-Orszag* hong.), située à l'E. de l'empire d'Autriche, forme un royaume auquel on a longtemps réuni les gouvernements de Slavonie et Croatie aujourd'hui distincts. Leur population est de plus de 9 millions et demi d'habitants. Les villes principales sont : — BUDE OU OFEN, sur le Danube, au centre de la Hongrie, dont elle est la capitale. Prise plusieurs fois par les Turcs. (45,000 hab.). — PESTH, située sur la rive gauche du

Danube, en face de Bude, avec laquelle elle communique par un pont de bateaux, est la ville la plus commerçante de la Hongrie (85,000 hab.). — *Presbourg*, sur le Danube, au N. O. de Bude. — AGRAM, au S. O. de Bude, près de la Save, capitale de la *Croatie*. — POSÉGA, au S. E. d'Agram, capitale de la *Slavonie*. — PÉTERVARADIN (*Peterwardein*), sur le Danube, l'une des plus fortes places du monde, célèbre par une fameuse bataille que le prince Eugène y gagna, en 1716, contre les Turcs. — TEMESVAR, plus au N. E. sur le *Témes*, affluent du Danube, ville industrieuse : capitale de la petite province du *Banat* (13,000 hab.).

III. GOUVERNEMENT DE TRANSYLVANIE. VILLES PRINCIPALES. — La Transylvanie ou la *Grande principauté des Sept-Châteaux*, est située au S. de la Hongrie, et renferme 2 millions d'habitants. Ses villes principales sont : — KLAUSENBOURG, au S. O., capitale du gouvernement et aussi de la principauté. — *Kronstadt*, place forte et la ville la plus importante de la Transylvanie par sa population, sa richesse et son industrie. (36,000 habit.)

IV. GOUVERNEMENT DES LIMITES MILITAIRES. — Toutes les frontières méridionales des gouvernements de Hongrie et de Transylvanie forment celui des *Limites militaires*, soumis à une administration particulière, divisé en *généralats* et *régiments*, dans le but de protéger ces frontières contre les Turcs, dont les possessions touchent de ce côté à celles de l'Autriche. Les quatre villes d'*Agram*, *Péterwardein*, *Témesvar* et *Hermannstadt*, sont les résidences des généraux, gouverneurs militaires de ces quatre généralats.

V. GOUVERNEMENT DE DALMATIE. VILLES PRINCIPALES. — Le gouvernement de Dalmatie est formé du royaume de ce nom, situé au S. E. de celui de Croatie, et comprenant au S. l'*Albanie Autrichienne*, avec une population de 360,000 habitants seulement. — Ses villes principales sont : — ZARA, au S. E. de Capo d'Istria, capitale du royaume, quoiqu'elle ne renferme que 6,000 habitants, archevêché. — *Raguse*, au S. E. de Zara, bon port sur l'Adriatique ; capitale de l'ancienne république du même nom, archevêché (16,000 habit.). — *Cattaro*, plus au S. E., autre port fortifié au fond du beau golfe de ce nom, dont l'entrée est fermée par des rochers et nommée *Bouches du Cattaro*.

112. ILES ILLYRIENNES. — Toutes les côtes N. E. de la mer Adriatique sont couvertes d'îles extrêmement nombreuses, dites *îles Illyriennes*, et qui appartiennent aussi à l'Autriche. Les principales sont :

VEGLIA, au N., la plus belle et la mieux peuplee. — CHERSO, au S. O. de Veglia ; elle est tres-longue et abondante en betail et en miel excellent. — PAGO, au S. E. des précédentes. — BRAZZA, au S. E. de Pago. — LESINA, au S. de Brazza; elle a 210 kilomètres de tour, et renferme une ville du même nom, avec un bon port. — CORZOLA et MÉLÉDA, au S. E. des précédentes.

113. POPULATION. RELIGION. GOUVERNEMENT ET NOTIONS DIVERSES. — La population de l'empire d'Autriche s'élève à plus de 37 millions d'habitants, dont plus de 28 millions sont catholiques, et 700 mille environ sont juifs; le reste se partage entre les églises grecque et protestante. — Son gouvernement est monarchique.

CLIMAT ET PRODUCTIONS. — L'empire d'Autriche est une des plus belles contrees de l'Europe et une des plus fertiles en grains, en vins renommés, parmi lesquels on distingue celui de *Tokai*, en Hongrie. Cette province possède aussi les mines les plus riches de toute espèce qui existent en Europe. Outre les montagnes de la Bohême, on trouve encore au S. des montagnes qui couvrent toute la partie méridionale de l'empire d'Autriche. La température y est douce et salubre.

QUESTIONNAIRE. — § I. 101. Quelle est la position des États prussiens? — Quelles sont leurs limites? — 102. En combien de provinces se divisent les Etats prussiens? — Quelles sont celles qui font partie de la Confederation germanique?—103. Quelles en sont les villes principales?—104. Quelles sont les provinces independantes de la Confederation et quelles sont leurs villes principales? — 105. Quelles sont les îles qui appartiennent à la Prusse et dans quelle mer sont-elles situees?—106. Quelles sont les provinces eloignees de la Prusse? — Sur quelle ville le roi de Prusse elevait-il des pretentions et comment se sont-elles terminees? — 107. Quelle est la population des Etats Prussiens, et quelles religions y sont suivies? — Quel est le gouvernement? — Depuis quelle epoque ce royaume existe-t-il? — Quel est le climat et quels sont les produits des Etats prussiens? — § II. 108. Quelle est la situation geographique des Etats autrichiens?—Quelles sont leurs limites?—109 Quelles sont les divisions de la monarchie autrichienne?— 110 Quelles sont les provinces qui font partie de la Confederation germanique, et combien forment-elles de gouvernements? — Quelles sont les capitales et les villes principales des gouvernements de Basse et Haute Autriche? — Quelles sont celles des gouvernements de Tyrol, de Sürie, de Laybach et de Trieste? — Decrivez le gouvernement de Bohême... le gouvernement de Moravie et Silesie. — 111. Quelles sont les provinces independantes de la Confederation germanique, et combien forment-elles de gouvernements? — Decrivez le gouvernement de Galizie. — Decrivez le royaume de Hongrie et le gouvernement de Slavonie et Croatie. — Decrivez le gouvernement de Transylvanie .. le gouvernement des limites militaires. — Decrivez le gouvernement de Dalmatie. —112 Quelles sont les îles qui dependent de l'Autriche?—113. Quelles sont la population et la religion des Etats autrichiens? — Quel est leur gouvernement? — Quels sont le climat et les productions de ces Etats?

CHAPITRE HUITIÈME.

SUISSE. — ÉTATS ITALIENS.

SOMMAIRE.

§ I. 114. La Confédération suisse située au centre de l'Europe est bornée par la France, les États sardes, la Lombardie et l'Autriche, le Wurtemberg et le grand-duché de Bade.

115. Il y a 22 cantons, savoir : Zurich, Berne, Lucerne, Uri, Schwyz, Unterwalden, Glaris, Zug, Fribourg, Soleure, Bâle, Schaffhouse, Appenzell, Saint-Gall, Grisons, Argovie, Thurgovie, Tessin, Vaud (Lausanne), Valais (Sion), Neufchâtel et Genève.

116. Les villes principales sont : Berne, siège du gouvernement, Bâle, Soleure, Genève, Lucerne, Zurich.

117. Les 22 cantons forment une confédération. Chaque canton a son gouvernement à part, et les affaires générales sont traitées dans la diète. La population est de 2,200,000 hab., — 9 cantons et 900,000 hab. sont catholiques, 5 cantons et 1,300,000 protestants, les autres mixtes. — Le climat est généralement froid à cause des montagnes qui couvrent le pays. Le sol est peu fertile en grains, mais produit de bons pâturages. Le manque de ressources force les Suisses à aller servir comme soldats à l'étranger.

§ II. 118. L'Italie, vaste péninsule située au S. de l'Europe, est entourée par la Méditerranée au S. et à l'O., par l'Adriatique à l'E. et par les Alpes au N.

119. Elle se divise en 9 États : 4 au N. : royaume de Sardaigne et royaume Lombard-Vénitien, duché de Parme et Plaisance et duché de Modène; 3 dans le centre : États du Pape, grand-duché de Toscane, république de Saint-Marin; 2 au S. : royaume des Deux-Siciles et groupe de Malte.

120. Le royaume de Sardaigne comprend l'île de ce nom, et sur le continent, il est borné par la Suisse, la France, la Méditerranée, le duché de Parme et le royaume Lombard-Vénitien. La population est de près de 5 millions d'habitants, catholiques. Le gouvernement est représentatif. Il se divise : 1° en États de terre ferme, partagés en 11 divisions subdivisées en 50 provinces; 2° l'île de Sardaigne, partagée en 3 divisions subdivisées en 11 provinces. Les principales villes sont : Turin, capitale du royaume; Chambéry, Gênes et Cagliari.

121. Le royaume Lombard-Vénitien est borné par l'Autriche, la Suisse, les États sardes, les duchés de Parme, de Modène, les États du Pape, le golfe de Venise. La population est de 5 millions d'habitants. Le gouvernement est absolu sous un vice-roi nommé par l'Autriche. Il est divisé en 2 gouvernements : 1° celui de Milan, partagé en 9 délégations; 2° celui de Venise qui en comprend 8. Les villes principales sont : Milan, capitale; Pavie, Mantoue, Vérone, Padoue et Venise.

122. Le duché de Parme et Plaisance, au S. du Milanais, a 460,000 habitants, catholiques. Le gouvernement est absolu. Capitale, Parme; ville principale, Plaisance.

123. Le duché de Modène, au S.-E. du precedent, compte 450,000 habitants, catholiques, avec un gouvernement absolu, capitale, Modène.

124. Le grand-duché de Toscane, entre la Méditerranée et l'Apennin, renferme 1 million et demi d'habitants catholiques, avec un gouvernement absolu. Capitale, Florence; villes principales : Pise, Livourne et Lucques. Il possède l'île d'Elbe.

125. Les Etats de l'Eglise bornés par le royaume Lombard-Vénitien, par les duchés de Modène et de Toscane, la Méditerranée, le royaume de Naples et l'Adriatique. Population : 3 millions d'habitants catholiques. Gouvernement temperé par une assemblée. Ils se divisent en 21 provinces ou delegations portant les noms de leurs chefs-lieux. Les principales villes sont : Rome, capitale; Civita-Vecchia, Ferrare, Bologne, Ravenne et Ancône avec Benevent et Ponte-Corvo dans le royaume de Naples.

126. La république de Saint-Marin est enclavée dans les Etats de l'Eglise

127. Le royaume des Deux-Siciles, composé du sud de l'Italie et de la Sicile, et borné au N. par les Etats de l'Eglise, a plus de 8 millions et demi d'habitants catholiques, dont 2 millions 600,000 en Sicile. Le gouvernement est absolu. — La partie continentale est partagée en 4 provinces : Abruzzes, Terre de Labour, Pouille et Calabre, subdivisées en 15 autres. Naples, capitale.

128. La Sicile, séparée par le detroit de Messine, se divise en trois vallées et 7 provinces. — Villes principales : Palerme, capitale; Messine, Siragosa (Syracuse), Catane, Girgenti. Les autres îles sont les Lipari, Capree et Ischia

129. Malte, au S. de la Sicile, appartient aux Anglais. Capitale, la Valette

130. La population générale de l'Italie et des îles voisines est de 21 millions et demi d'habitants, tous catholiques. Le climat est charmant, le sol y est généralement fertile, il est montagneux et volcanique dans la partie méridionale.

§ I. — SUISSE (1).

114. POSITION ET LIMITES.—La Suisse ou Confédération helvétique est située tout à fait au centre de l'Europe; elle est bornée à l'O. par la France, dont elle est séparée par le Jura, au S. par les Etats sardes et le royaume Lombard-Vénitien, à l'E. par l'empire d'Autriche, et au N. par le royaume de Wurtemberg et le grand-duché de Bade.

115. DIVISIONS. — La Confédération Suisse se compose de 22 cantons, subdivisés en 28 Etats principaux. Le tableau suivant fait connaître le nom de la capitale, ainsi que la superficie et la population de chaque canton.

---

(1) Voir dans l'atlas de M. Ansart la carte de la SUISSE.

CANTONS suivant le rang qu'ils occupent dans la Confédération.	CAPITALES	SUPERFICIE en kilomètres carrés	POPULATION.
Zurich..............	Zurich..........	1,773	231,576
Berne..............	Berne...........	6,629	407,913
Lucerne............	Lucerne.........	1,519	124,521
Uri................	Altorf...........	1,090	13,519
Schwyz............	Schwyz..........	878	40,650
Unterwalden.......	Stanz............	670	22,571
Glaris.............	Glaris...........	723	29,348
Zug................	Zug.............	219	15,322
Fribourg...........	Fribourg †.......	1,282	91,145
Soleure............	Soleure †........	658	63,196
Bâle...............	Bâle.............	477	65,424
Schaffhouse........	Schaffhouse.....	295	32,582
Appenzell..........	Appenzell.......	394	50,876
Saint-Gall..........	Saint-Gall.......	1,937	158,853
Grisons............	Coire †..........	6,646	84,506
Argovie............	Aarau...........	1,300	182,755
Turgovie...........	Frauenfeld......	696	84,126
Tesin..............	Locarno.........	2,678	113,923
Vaud...............	Lausanne........	3,062	183,582
Valais..............	Sion †...........	4,300	76,590
Neuchâtel..........	Neuchâtel.......	723	58,616
Genève.............	Genève.........	237	58,666
		38,195	2,190,258

Les quatre cantons de SCHWYZ, UNTERWALDEN, BALE et APPENZELL sont subdivisés chacun en deux républiques.

116. CAPITALE ET VILLES PRINCIPALES.—Les villes principales de la Suisse sont : BERNE, sur l'Aar, siége du gouvernement et de la Diète fédérale, une des plus belles villes de la Suisse, prise par les Français en 1798 et après de sanglants combats (23,000 habitants). Une partie de son canton le plus grand de la Suisse est couverte de glaciers. On y trouve aussi la belle chute d'eau du *Staubbach* qui tombe de 263 mètres de haut. — BALE, au N. O. sur le Rhin, qui la divise en deux parties; c'est la ville la plus grande et la plus commerçante de la Suisse (22,000 habit.). — SOLEURE, au S. O. de Bâle, célèbre par un traité d'alliance qui y fut conclu, pour cinquante ans, entre la France et la Suisse, en 1777. — FRIBOURG, au S. O. de Berne; remarquable par son beau collége; le canton dont elle est le chef-lieu renferme la petite ville de *Morat*, sur le lac du même nom, célèbre par la sanglante bataille où Charles le Téméraire fut vaincu par les Suisses en 1476 — LAUSANNE, au S. O. de Fribourg, à peu de distance de la rive septentrionale du lac de Genève. — GENÈVE, au S. O. sur le lac qui porte

son nom. La ville, la plus riche et la plus peuplée de la Suisse, fait un grand commerce d'horlogerie (28,000 habit.). — LUCERNE, sur le lac du même nom; grand passage pour l'Italie par le Saint-Gothard. — ZURICH, près du lac de son nom, au N. E. de Soleure, dans une belle position, fameuse par une victoire remportée par les Français en 1799 sur les Autrichiens et les Russes; remarquable par son université et par son commerce.

Il faut signaler encore SCHAFFHAUSEN ou *Schaffhouse*, au N. E. de Bâle, sur la rive droite du Rhin, à 2 kilomètres au-dessus de la fameuse cataracte ou ce fleuve, large de 100 mètres, se précipite de 27 mètres de haut. — NEUCHATEL, au S. O. de Soleure, sur le lac du même nom; chef-lieu d'un canton, dont la souveraineté était, jusqu'au traité de 1857, réclamée par le roi de Prusse. — *Habsbourg*, dans le canton de Berne, berceau de la famille qui gouverne l'Autriche. — SCHWYZ, à l'E. de Lucerne, qui paraît avoir donné son nom à toute la Suisse; cette petite ville est le chef-lieu d'un canton qui a vu naître le fameux Guillaume Tell. On y trouve le défilé et la montagne de *Morgarten*, où les Suisses remportèrent en 1315, sur Léopold d'Autriche, la victoire célèbre qui assura leur liberté. — ALTORF, au S. de Schwyz, est remarquable par les deux fontaines qui désignent les endroits où étaient placés Guillaume Tell et son fils lorsque ce malheureux père se vit forcé d'abattre d'un coup d'arbalète une pomme placée sur la tête de l'enfant. — SION, à l'E. de Genève, sur le Rhône, est le chef-lieu du *Valais*, où se trouvent dans les Alpes deux passages célèbres, savoir : vers le N. E. celui du *Simplon*, et au S. O. celui du *Grand Saint-Bernard*, franchi par l'armée française avec son artillerie en 1800. On rencontre dans ce canton beaucoup d'êtres malheureux, défigurés par des goîtres énormes et auxquels on a donné le nom de *crétins*; ils sont à la fois sourds-muets, et dans un état complet de stupidité qui ferait douter s'ils appartiennent à l'espèce humaine. — LOCARNO, petite ville située à l'extrémité septentrionale du lac Majeur, l'une des trois capitales du canton du *Tésin*, alterne tous les six ans dans cette dignité avec LUGANO, ville un peu plus considérable, située plus au S. E., sur le lac de son nom, et avec BELLINZONA, plus au N. sur le Tésin et sur la belle route qui mène en Italie par le Saint-Gothard, et donne quelque importance à son commerce.

117. GOUVERNEMENT. POPULATION. RELIGIONS. NOTIONS DIVERSES. — La Confédération Suisse est composée de 22 cantons indépendants les uns des autres pour leur administration intérieure, et qui, par suite des subdivisions existantes dans 5 d'entre eux, forment 28 républiques plus ou moins démocratiques. Chaque canton a son gouvernement particulier, et les affaires de la Confédération sont discutées à Berne dans une *diète*, composée d'un député de chaque canton et chargée de la décision de toutes les affaires qui touchent aux intérêts généraux. — La population des 22 cantons s'élève à environ

2 millions et 280 mille habitants, dont 1 million 300 mille protestants et 900 mille catholiques, répartis entre les divers cantons, de manière que 9 sont entièrement catholiques, 5 protestants et 8 mixtes.

CLIMAT. PRODUCTIONS.—La présence des montagnes couvertes de glaces éternelles rend le climat de la Suisse généralement froid ; cependant on y peut jouir en quelques heures de toutes les variétés de températures que l'on rencontre dans l'Europe entière ; car, tandis qu'un hiver rigoureux et perpétuel règne sur le sommet des Alpes, on goûte dans les vallées les douceurs du printemps. Peu fertile en grains, ce pays possède d'excellents pâturages, qui nourrissent de nombreux troupeaux ; aussi le beurre et le fromage sont-ils pour lui d'importants objets de commerce. — Le défaut de ressources force les Suisses à s'expatrier pour aller vendre leurs services militaires aux grandes puissances de l'Europe, dont plusieurs en prennent à leur solde.

§ II. — ITALIE (1).

118. SITUATION. BORNES ET ÉTENDUE DE L'ITALIE. — L'Italie est une vaste presqu'île formée au S. de l'Europe par la Méditerranée à l'O. et au S., et la mer Adriatique à l'E. Elle est bornée au N. par les Alpes, qui la séparent de la France, de la Suisse et de l'Allemagne. — Sa longueur est de 1,100 kilomètres sur 600 dans sa plus grande largeur. La chaîne de l'*Apennin* la traverse du N. O. au S. E. dans toute son étendue.

119. GRANDES DIVISIONS POLITIQUES.—L'Italie renferme 9 États différents, savoir : 4 dans l'*Italie septentrionale*, qui sont le royaume de *Sardaigne*, le royaume *Lombard-Vénitien*, le duché de *Parme et Plaisance*, et celui de *Modène* ; — 3 dans l'*Italie centrale*, qui sont : le grand-duché de *Toscane*, les *États de l'Église*, et la république de *Saint-Marin* ; — enfin 2 dans l'*Italie méridionale*, le royaume des *Deux-Siciles*, et le groupe de *Malte*, qui est une dépendance de l'Italie.

120. ROYAUME DE SARDAIGNE. — I BORNES. POPULATION. RELIGION. GOUVERNEMENT. — Les États du roi de Sardaigne comprennent, outre l'île de ce nom, des possessions assez considérables au N. O. de l'Italie et du golfe de Gênes. Ces possessions sont bornées au N. par la Suisse, à l'O. par la France, au S. par la Méditerranée, et à l'E. par le duché de Parme et le royaume Lombard-Vénitien. — La population de tous ces États est de 4 millions 990 mille habitants, dont 553 mille pour l'île de Sardaigne. Ils professent la religion catholique. — Le gouvernement de ce royaume est une monarchie représentative.

---

(1) Voir dans l'atlas de M Ansart la carte de l'ITALIE.

II. DIVISIONS POLITIQUES. — Les États du roi de Sardaigne ont été formés de 7 provinces principales, savoir : 1° l'*île de Sardaigne*, au S. de la Corse, dont elle est séparée par le détroit de Bonifacio ; 2° le duché de *Savoie*, à l'E. du Dauphiné, berceau de la famille qui règne aujourd'hui dans ce pays ; 3° le *Piémont*, séparé de la Savoie par le *Grand* et le *Petit Saint-Bernard* et par le *Mont-Blanc* ; 4° le *Montferrat* ; 5° le *Milanais Sarde*, à l'E.; 6° le *comté de Nice*, comprenant la *principauté de Monaco* et 7° le *duché de Gênes*, qui occupent toute la côte septentrionale du golfe de ce nom. Les États Sardes sont divisés administrativement en deux parties distinctes, savoir : — 1° Les *États de Terre ferme*, partagés en 11 *divisions*, subdivisés en 39 provinces ; 2° le *royaume de Sardaigne* proprement dit, comprenant l'île de ce nom, partagé en 3 *divisions*, subdivisées en 11 *provinces*.

III. VILLES PRINCIPALES.—Les principales villes du royaume de Sardaigne sont : — TURIN (*Torino*), non loin du confluent de la Doria Riparia et du Pô, ancienne capitale du Piémont, résidence des souverains, et l'une des plus belles villes de l'Italie. (143,000 habitants.)—CHAMBÉRY, au S. O. de la Savoie, dont elle était la capitale. — CASALE, sur le Pô, ville forte, capitale du *Montferrat*.—ALEXANDRIE *de la Paille*, au S. E. de Turin, sur le Tanaro, ville très-forte, ancienne capitale du *Milanais Sarde ;* au S. E., se trouve le village de *Marengo*, illustré, le 14 juin 1800, par une grande victoire de Napoléon sur les Autrichiens.—NICE, près de l'embouchure du Var, capitale du comté de son nom, dans une situation admirable et sous un ciel extrêmement pur. — GÊNES, au S. E. d'Alexandrie, bâtie en amphithéâtre sur le bord de la mer, et surnommée *la Superbe*, à cause de la magnificence de ses palais, où le marbre est prodigué de toutes parts. Elle était la capitale d'une république célèbre au XVIIe siècle (125,000 habit.).—CAGLIARI, au S. de l'île de Sardaigne, sur le golfe du même nom ; capitale, archevêché (28, 000 hab.).

La grande île dont cette ville est la capitale est hérissée de montagnes remplies de mines et entrecoupées par des vallées très-fertiles ; mais le climat y est malsain, et l'industrie ainsi que le commerce y sont extrêmement bornés ; aussi son importance est-elle loin de répondre à son étendue.

MONACO, petit port sur la Méditerranée, capitale de la principauté du même nom, enclavée dans la Sardaigne, et dont la ville la plus importante, *Mentone*, située un peu plus au N. E., est aujourd'hui réunie à la Sardaigne.

121. ROYAUME LOMBARD-VÉNITIEN.—I. BORNES. —POPULA-

TION. — RELIGION. — GOUVERNEMENT. — Le royaume Lombard-Vénitien, situé au N. de l'Italie, constitue les possessions de l'Autriche en Italie (v. n° 109); il est borné au N. par les États allemands de l'empire d'Autriche et par la Suisse; à l'O., par les États Sardes; au S., par les duchés de Parme et de Modène, par les États de l'Église et le golfe de Venise; et à l'E., par le royaume d'Illyrie. — Sa population est d'environ 5 millions d'habitants, professant la religion catholique. — Il est gouverné par un vice-roi, sous la souveraineté absolue de l'empire d'Autriche.

DIVISIONS POLITIQUES, VILLES PRINCIPALES. — Le royaume Lombard-Vénitien se compose : 1° de la *Valteline*, qui faisait autrefois partie du pays des Grisons, au N. O ; 2° du *Milanais*, à l'O.; 3° du duché de *Mantoue*, au centre, et 4° de l'ancienne république de *Venise*, à l'E. : il est aujourd'hui partagé en deux grands gouvernements, celui de *Milan*, divisé en 9 délégations, et celui de *Venise*, qui en comprend 8.

Les principales villes du royaume Lombard-Vénitien sont :
— MILAN (*Milano*), capitale du royaume Lombard-Vénitien, et l'une des villes les plus belles et les plus riches de l'Italie (150,000 hab.). — PAVIE, au S., sur le Tésin, ancienne capitale des Lombards, et fameuse par la bataille où François Ier fut fait prisonnier en 1525. — *Marignan*, où ce même prince remporta en 1515 une célèbre victoire sur les Suisses et le duc de Milan. — MANTOUE, dans un lac formé par le Mincio; ce qui la rend très-forte. — VÉRONE, au N. E. de Mantoue, sur l'Adige, remarquable par les congrès de 1820 et de 1823. — PADOUE, à l'E. de Vérone, sur la Benta; fameuse université. — VENISE, au N. E. de Padoue, dans le golfe qui porte son nom; une des plus belles, des plus considérables et des plus fortes villes du monde. Son commerce l'avait rendue, au commencement du XIVe siècle, un des plus puissants États de l'Europe (115,000 hab.).

122. DUCHÉ DE PARME ET PLAISANCE. — Ce duché, formé de la réunion des deux dont il porte le nom, est situé au S. E. du Milanais; il renferme près de 460,000 habitants professant la religion catholique. Son gouvernement est absolu. — Les villes principales sont : — PARME, au S. E., capitale du duché du même nom; ville grande, riche, et peuplée de 40,000 habitants. — PLAISANCE (*Piacenza*), au N. O. de Parme, au confluent du Pô et de la Trébia; ancienne capitale du duché du même nom (29,000 hab.).

123. DUCHÉ DE MODÈNE. — Le duché de Modène, situé au S. E. de celui de Parme, renferme environ 450,000 habitants

professant la religion catholique. — Il est gouverné d'une manière absolue par un archiduc de la maison d'Este. — Il comprend les anciens duchés de *Modène*, de *la Mirandole*, de *Reggio* et de *Guastalla*, qui ont des capitales du même nom, et celui de *Massa et Carrara*, qui y a été réuni par suite de la mort de la princesse qui le possédait. — Les villes principales sont : — MODÈNE, au S. E. de Parme, avec de beaux édifices, résidence du prince (28,000 hab.). — *Reggio*, au N. O. de Modène, patrie de l'Arioste, fameux poëte italien. — *Massa*, au S. O. de Modène, ancienne capitale du duché de son nom. — *Carrara*, petit port, fameux par ses beaux marbres connus sous le nom de marbres de *Carrare*. — *Guastalla*, petite ville forte, sur le Pô.

124. GRAND-DUCHÉ DE TOSCANE. — Le grand-duché de Toscane (ancienne Étrurie), auquel est réuni l'ancien duché de Lucques, est situé sur la côte de la Méditerranée; il est traversé par la chaîne des Apennins, où l'on trouve des mines d'argent, de cuivre, etc., et renferme 1 million et demi d'habitants professant la religion catholique. — Le gouvernement est absolu. — Ses principales villes sont : — FLORENCE (*Firenze*), au N., sur l'Arno, capitale du grand-duché de Toscane; grande et belle ville (102,000 habitants). Elle fut pendant plusieurs siècles la capitale d'un des plus puissants États de l'Europe, et le berceau des arts, des lettres et des sciences en Occident; patrie du Dante, d'Améric Vespuce et des Médicis. — *Pise*, à l'O. de Florence, aussi sur l'Arno; capitale d'une ancienne république détruite par les Florentins en 1406. — *Livourne*, un des plus fameux ports de la Méditerranée (75,000 hab.). — *Sienne*, au S. E. de Livourne ; université célèbre. — *Lucques*, ancienne capitale du duché du même nom, ville belle et commerçante (24,000 hab.).

ILES QUI DÉPENDENT DE LA TOSCANE. — Le grand-duc de Toscane possède encore quelques petites îles situées dans la Méditerranée, près des côtes de ses États, et dont la principale est l'île d'*Elbe*, où Napoléon avait été relégué en 1814. — Cette île, qui appartient depuis 1815 au grand-duché de Toscane, possède des carrières de fer, d'aimant et de marbre, et renferme une population de 14,000 âmes. — Capitale : PORTO-FERRAJO, au N., petit port bien fortifié (2,000 hab.).

125. ÉTATS DE L'ÉGLISE. — I. BORNES. — POPULATION. — RELIGION. — GOUVERNEMENT. — Les États de l'Église, qui occupent le centre de l'Italie, sont bornés au N. par le royaume Lombard-Vénitien; à l'O., par les duchés de Modène et de Toscane et par la Méditerranée; au S., par le royaume de Naples, qui, avec la mer Adriatique, les borne aussi à l'E. Ils renferment une population de près de 3 millions d'habitants professant la religion catholique. — Le gouvernement est tempéré par une assemblée.

II. DIVISIONS ADMINISTRATIVES. — Les États de l'Église sont divisés en 21 provinces appelées pour la plupart *legations* ou *délégations*, et portant les noms des villes qu'elles ont pour chefs-lieux. — Les villes les plus remarquables des États de l'Église sont : ROME, au S., sur le Tibre, capitale. Cette ville, l'ancienne capitale du monde et l'une des plus fameuses de l'univers, est encore aujourd'hui, quoiqu'elle ait été saccagée six fois par les Barbares, celle qui offre le plus de beaux monuments. On remarque parmi les monuments anciens, la colonne Trajane, le Panthéon, le Colysée, etc., et parmi les édifices modernes, la magnifique église de Saint-Pierre et les palais du Vatican et du Quirinal, résidences du pape (155,000 hab.). — *Civita-Vecchia*, port commerçant sur la Méditerranée.—TIVOLI, au N. E. de Rome, séjour délicieux, renommé par les cascades du *Teverone*. — *Ferrare*, au N. des États de l'Église; capitale de l'ancien duché du même nom. — *Bologne* (*Bononia*), au S. O. de Ferrare; très-belle ville; la plus fameuse université de l'Italie (75,000 hab.).—RAVENNE, au S. E. de Ferrare; à 4 kilomètres de la mer Adriatique, sur laquelle elle était autrefois située, résidence des derniers empereurs romains. — URBIN, au S. E. de Ravenne : patrie de Raphaël. — ANCÔNE, port fortifié sur l'Adriatique, le plus commerçant de toute cette côte (30,000 habitants). — Le pape possède encore, dans le royaume des Deux-Siciles, les duchés de PONTE-CORVO et de BÉNÉVENT, qui s'y trouvent enclavés, et qui ont pour capitales les villes dont ils portent les noms.

126. RÉPUBLIQUE DE SAINT-MARIN.—La petite république de SAINT-MARIN, qui renferme 7,000 habitants et une capitale du même nom sur une montagne escarpée, est située dans les États de l'Église, au N. du duché d'Urbin, dans lequel elle se trouve enclavée.

127. ROYAUME DES DEUX-SICILES. — I. LIMITES. — POPULATION.—RELIGION. — GOUVERNEMENT. — Le royaume des Deux-Siciles, composé de la partie méridionale de l'Italie, de la Sicile et de quelques petites îles répandues sur les côtes, est borné au N. O. par les États du Pape; au N. E. et à l'E. par la mer Adriatique; au S. et à l'O. par la Méditerranée. Il a une superficie de 109,646 kilomètres carrés. Sa fertilité et la beauté de son ciel l'ont fait surnommer le paradis de l'Italie.—Sa population est de plus de 8 millions et demi d'habitants, dont environ 6,600,000 pour les provinces *en deçà du Phare* et 2 millions pour la Sicile. — Ils professent la religion catholique. — Le gouvernement est monarchique.

II. DIVISIONS POLITIQUES ET ADMINISTRATIVES. — Toute la partie du royaume des Deux-Siciles qui se trouve sur le continent est partagée en 4 grandes provinces, savoir : les *Abruzzes*, au N., le long de la mer Adriatique ; la *Terre de Labour*, sur les côtes de la Méditerranée ; la *Pouille*, au S. E. des Abruzzes, et la *Calabre*, qui occupe toute la partie méridionale de l'Italie ; ces provinces se subdivisent en 15 autres. — Nous décrirons la Sicile au numéro suivant.

PROVINCES CONTINENTALES. — Les principales villes du royaume des Deux-Siciles situées sur le continent sont : — NAPLES (*Napoli*), sur le golfe du même nom, capitale ; l'une des plus belles villes du monde, avec un bon port qui la rend très-commerçante (450,000 habitants). — A peu de distance au S. E., se trouve *Portici*, jolie ville avec un palais de plaisance, bâtie au pied du Vésuve, sur les ruines d'*Herculanum*. — *Bari*, au S. E. de Manfredonia, ville forte, sur la mer Adriatique (27,000 habitants). — *Otrante*, au S. E. de Bari, sur le détroit auquel elle donne son nom, et qui forme l'entrée de la mer Adriatique ; archevêché. — *Tarente*, sur le golfe qui porte son nom. — REGGIO, sur le Phare de Messine.

128. SICILE. — La grande île de *Sicile*, située au S. de l'Italie, dont elle est, comme nous l'avons dit, séparée par le *Phare de Messine*, a 300 kilomètres de long sur 200 environ de large, et se divise naturellement en 3 vallées, dans chacune desquelles se trouve un des trois caps (cap *Faro* au N. E., cap *Boeo* à l'O. et cap *Passaro* au S.) qui lui avaient fait donner anciennement le nom de *Trinacrie*. — Ses villes remarquables sont : — PALERME, au N., l'un des plus beaux ports de la Méditerranée ; capitale de toute la Sicile ; résidence du gouverneur ; archevêché (167,000 habitants). — MESSINE, sur le détroit auquel elle donne son nom ; capitale du *Val-Demona.* — CATANE, au pied de l'Etna, grande ville, chef-lieu de la province du même nom. (97,000 hab.). — SIRAGOSA (Syracuse), au S., port de mer qui de son ancienne splendeur ne conserve que des ruines magnifiques. — NOTO, au S., capitale du *Val de Noto*. — GIRGENTI, à l'O., cap. du *Val de Girgenti*, évêché. Jadis une des plus grandes et des riches cités de la Sicile.

AUTRES ÎLES. — Les autres îles qui dépendent du royaume des Deux-Siciles sont : les îles de LIPARI, situées au N. de la Sicile ; elles sont au nombre de douze, dont la principale donne son nom au groupe, et a pour capitale une ville très-ancienne et très forte qui porte aussi le même nom. — PANTELLARIA, située au S. O. de la Sicile. — A l'entrée du golfe de Naples, CAPRI (Capræ), séjour enchanteur mais d'un difficile accès, avec une capitale du même nom. — ISCHIA, qui renferme des mines d'or et d'argent et une capitale du même nom.

129. GROUPE DE MALTE. — L'île de MALTE (Melita), située au S. de la Sicile, et ayant environ 90 kilom. de circuit, appartient aujourd'hui aux Anglais. Elle est célèbre pour avoir été la demeure des chevaliers de Saint-Jean de Jérusalem, auxquels Charles-Quint la donna, en 1525, lorsqu'ils eurent été contraints d'abandonner Rhodes. Sa population, en y comprenant les petites îles de *Gozo* et de *Comino*, situées au N. O., et qui en dépendent, est de 160,000 habitants. — Malte a pour capitale CITÉ-LAVALETTE, au N., ville très-forte, avec un bon port.

On peut ajouter à ces îles celles de *Linosa* et de *Lampedusa*, situées plus au S. O., et dont les gouvernements de Malte et des Deux-Siciles se disputent la possession.

130. POPULATION GÉNÉRALE DE L'ITALIE, RELIGION, NOTIONS DIVERSES. — La population totale de l'Italie en y comprenant la Sicile et Malte avec les petites îles qui en dépendent, s'élève à plus de 21 millions et demi d'habitants, tous catholiques.

CLIMAT, PRODUCTIONS. — L'Italie est la contrée de l'Europe qui jouit du climat le plus riant et le plus serein. Le sol y est agréablement diversifié par la chaîne de l'Apennin, qui le traverse dans toute son étendue. Le nord, entouré de hautes montagnes qui donnent naissance à une multitude de lacs et de rivières, est la partie la moins chaude ; mais c'est la plus fertile en grains de toute espèce, en vins et en gras pâturages. Plus au sud croissent l'olivier, le citronnier, le pistachier, le grenadier, le coton et la canne à sucre. Entre Rome et Naples se trouvent les cantons malsains connus sous le nom de *Marais Pontins*. Enfin, les provinces méridionales, couvertes en partie de montagnes et de forêts, et mal cultivées, quoique fertiles, sont sujettes à de violents tremblements de terre.

QUESTIONNAIRE. § I. 114. Quelles sont la position et les limites de la Suisse? — 115. Comment est-elle divisée? — Faites connaître les cantons et leur capitale — 116. Quelles sont les villes principales de la Suisse? — Indiquez les principales curiosités naturelles que l'on y rencontre. — 117. Quel est le gouvernement de la Suisse? — Quelle est la population et quelles religions y sont suivies? — Quel est le climat et quelles sont les productions de la Suisse? — § II 118. Quelle est la situation de l'Italie? — Quelles sont ses bornes et son étendue? — 119. Comment se divise-t-elle? — 120. Quels sont les bornes, la population, la religion et le gouvernement du royaume de Sardaigne? — De quels pays a été formé ce royaume? — Quelles sont ses divisions et ses villes principales?—121. Indiquez les bornes, la population, la religion et le gouvernement du royaume Lombard-Vénitien. — De quels pays est il composé? — Quelles sont ses divisions politiques et ses villes principales?— 122. Décrivez le duché de Parme et Plaisance — 123. Décrivez le duché de Modène. — 124. Décrivez le grand-duché de Toscane. — Quelles sont les îles qui dépendent de la Toscane ? — 125. Quels sont les bornes, la population, la religion, le gouvernement et les divisions, les villes principales des Etats de l'Eglise ? — 126 Décrivez la république de Saint-Marin — 127. Faites connaître les limites, la population, la religion et le gouvernement du royaume des Deux-Siciles — Quelles sont les divisions et les villes principales de ce royaume ? —128 Indiquez la position, les divisions et les villes remarquables de la Sicile. — Quelles sont les îles qui en dépendent ? — 129. Faites connaître le groupe de Malte. — 130 Quelle est la population générale de l'Italie et quelle religion a-t-elle ? — Quels sont le climat et les productions de l'Italie ?

CHAPITRE NEUVIÈME.

ESPAGNE ET PORTUGAL.

SOMMAIRE.

§ I. 131. L'Espagne est bornée par les Pyrénées et le golfe de Biscaye, par l'Atlantique et le Portugal, le détroit de Gibraltar et la Méditerranée.

132. L'Espagne se divisait en 14 provinces, maintenant elle forme 11 gouvernements généraux et 49 provinces qui portent généralement les noms de leurs chefs-lieux.

133. Provinces du N., principales villes: Saint-Jacques de Compostelle, Oviedo, Bilbao, Pampelune, Saragosse et Barcelone; provinces du centre : Madrid, capitale du royaume, Léon, Salamanque, Badajoz, Tolède, Valence; provinces du midi : Cordoue, Séville, Cadix, Jaen, Gibraltar (aux Anglais), Grenade, Murcie.

134. Les principales îles sont les Baléares, savoir : Majorque, Minorque, Iviza.

135. L'Espagne a une population de 15 millions d'hab. catholiques. Le gouvernement est une monarchie constitutionnelle. Les montagnes qui traversent en tous sens la Péninsule, rendent le climat assez doux; le sol y est riche et productif malgré l'inhabilité de ses habitants. Les mines ne sont pas exploitées malgré leur richesse; le vin, la laine et la soie y sont les objets du commerce.

136. Les colonies sont : en Afrique, les Présides, sur la côte du Maroc, et les îles Canaries, dont Ténérife, capitale Laguna, est la principale; en Amérique, Cuba et Porto-Rico; en Océanie, les Philippines.

137. La république d'Andorre, située dans les Pyrénées, entre la France et l'Espagne, a 16,000 hab.; elle est gouvernée par un conseil de vingt-quatre membres, un syndic et deux viguiers. Capitale, Andorre-la-Vieille.

138. Le royaume de Portugal est borné par l'Atlantique et par l'Espagne.

§ II. 139. Le Portugal est divisé en 7 provinces, subdivisées en 17 districts, dont 4 formés par les îles Açores, Madère, et du Cap-Vert; les 7 provinces sont celles de Minho, au N. O.; Tras-os-Montes, au N. E.; de Haut et Bas Beira et Estrémadure, au centre; Alem-Tejo et Algarves, au S. Leurs villes principales sont : Lisbonne, capitale; Braga, Bragance, Evora, Ourique, etc.

140. Les colonies sont : en Afrique, les îles Açores, capitale Angra, Madère, capitale Funchal, du Cap Vert, capitale Porto-Praya; en Asie, Goa dans l'Hindoustan, Macao en Chine; en Océanie, des établissements aux îles Timoriennes.

141. Il a 3 millions et demi d'hab. et un gouvernement représentatif. Le climat et les productions sont les mêmes qu'en Espagne.

§ I. — ESPAGNE (1).

151. SITUATION ET LIMITES. — L'Espagne, qui, avec le Portugal, occupe la grande presqu'île située au S. O. de l'Europe, est bornée au N. par les Pyrénées, qui la séparent de la France, et par le golfe de Gascogne; à l'O., par l'Océan Atlantique et le Portugal; au S., par l'Océan Atlantique, le détroit de Gibraltar, et la Méditerranée, qui lui sert aussi de borne à l'E.

152. GRANDES DIVISIONS. — L'Espagne se divisait autrefois en 14 provinces, dont plusieurs ont porté le titre de royaumes, savoir : 6 au N., qui sont, de l'O. à l'E. : la *Galice*, les *Asturies*, les *provinces Basques*, la *Navarre*, l'*Aragon* et la *Catalogne*; 5 au milieu, qui sont : le royaume de *Léon*, l'*Estrémadure*, la *Vieille* et la *Nouvelle-Castille*, et le royaume de *Valence*; 2 au S., qui sont : l'*Andalousie*, qui comprend les 4 royaumes de *Séville*, *Cordoue*, *Jaen* et *Grenade*, et le royaume de *Murcie*; une dans la Méditerranée, composée des *Iles Baléares*. — Aujourd'hui, l'Espagne est divisée en 11 *gouvernements généraux*, formés presque tous des anciennes provinces, et en 49 provinces ou *intendances* qui portent également le nom de leur résidence.

153. VILLES PRINCIPALES. CAPITALES.

I. PROVINCES DU NORD. — Les principales villes du nord de l'Espagne sont : — SAINT-JACQUES DE COMPOSTELLE (*Santiago*), au N. O., à peu de distance de l'Atlantique; ancienne capitale de la *Galice*, archevêché; lieu d'un célèbre pèlerinage au tombeau de saint Jacques le Majeur, qu'on y a cru enterré. — Au N., LE FERROL, excellent port militaire et magnifique arsenal maritime; et la COROGNE, bon port de commerce, tous deux sur l'Atlantique. Le dernier est maintenant la capitale du gouvernement général de *Galice*. — OVIÉDO, ancienne capitale des *Asturies*. — BILBAO, à l'E. d'Oviédo, ancienne capitale de la *Biscaye*. — PAMPELUNE, au S. E. de Bilbao, ville très-forte, capitale du gouvernement général de *Cantabrie* et de la pro-

---

(1) Voir dans l'Atlas de M. Ansart la carte d'ESPAGNE et PORTUGAL.

vince de *Navarre*. — *Fontarabie*, petite place forte à l'embouchure de la Bidassoa. — SARAGOSSE, sur l'Èbre, au S. E. de Pampelune, capitale de l'*Aragon ;* fameuse par le siége opiniâtre qu'elle soutint contre les Français en 1809. — BARCELONE, à l'E. de Saragosse ; ville très-forte, avec un bon port sur la Méditerranée ; capitale de la *Catalogne*, et l'une des villes les plus riches et les plus industrieuses de l'Espagne (200 mille hab.).

II. PROVINCES DU CENTRE. — Les principales villes des provinces du centre de l'Espagne sont : — MADRID, au centre, capitale de la *Nouvelle-Castille* et de toute l'Espagne, sur le *Mançanarès*, ruisseau qu'on passe sur un pont magnifique ; c'est la plus élevée et l'une des plus petites capitales de l'Europe. Population, environ 250 mille habitants.

A peu de distance de cette ville sont les châteaux royaux de l'*Escurial*, sur la *Guadarrama*, et d'*Aranjuez*, sur le Tage. — LÉON, au S. E. d'Oviédo, capitale de l'ancien royaume du même nom. — BURGOS, à l'E. de Léon, ancienne capitale de la *Vieille-Castille*, et aujourd'hui du gouvernement général de son nom, patrie du Cid. — SALAMANQUE, au S. de Léon, fameuse université. — BADAJOZ, au S O. de Salamanque, sur la Guadiana, que l'on y passe sur un pont de 620 mètres de long ; capitale de l'*Estrémadure Espagnole*. — TOLÈDE, sur le Tage, au S. de Madrid ; fameuse université ; elle fut, avant Madrid, la capitale de l'Espagne. — VALENCE, au S. E. de Tolède, sur le Guadalaviar, à 5 kilomètres de la mer, capitale de l'ancien royaume du même nom, et du gouvernement général de *Valence et Murcie*, l'une des plus florissantes villes d'Espagne (70 mille hab.). — Au S. se trouve *Alicante*, ville fameuse par ses vins de liqueur.

III. PROVINCES DU MIDI. — Les principales villes du midi de l'Espagne sont : CORDOUE (*Cordova*), sur le Guadalquivir, au S. O. de Tolède, dans l'Andalousie ; très-florissante sous les Maures. — SÉVILLE, au S. O. de Cordoue, sur le même fleuve ; capitale de l'*Andalousie*, si belle qu'on en a dit : *Qui n'a point vu Séville n'a point vu de merveille* (91 mille habit.). — CADIX, au S. O. de Séville, dans la même province ; bon port, et l'une des villes les plus commerçantes du monde (53 mille hab.) ; très-forte par sa position dans une petite île réunie au S. par une chaussée à l'île de *Léon*. — On trouve encore dans l'Andalousie, le fort de GIBRALTAR, sur le détroit de ce nom ; il appartient depuis 1704 aux Anglais, qui s'en sont emparés par surprise. — GRENADE, à l'E. de Séville ; capitale du gouvernement et de l'ancien royaume de ce nom. Les Maures ont bâti dans cette ville un palais magnifique nommé *Alhambra*, qui subsiste encore (80 mille hab.).— MURCIE, au N. E. de Grenade, ancienne capitale du royaume de son nom. — CARTHAGÈNE, au S. E. de Murcie, port sur la Méditerranée, le meilleur de l'Espagne, et l'un des plus considérables de l'Europe (40 mille hab.). — MALAGA, port de mer, au S. de la même province, renommée par ses vins (65 mille hab.).

154. ILES DÉPENDANTES DE L'ESPAGNE. — Les principales îles que l'Espagne possède en Europe sont les anciennes ILES BALÉARES, situées dans la Méditerranée, au nombre de quatre, savoir : MAJORQUE, la plus grande du groupe, peuplée de 180 mille habit.; capitale *Palma*, au S. — MINORQUE, au N. E. de Majorque (45 mille hab.); villes : *Citadella*, à l'O., et *Port-Mahon*, port sûr et commode à l'E. — IVIZA ou *Iviça*, au S. O. de Majorque, avec une capitale du même nom; elle est très-forte et produit beaucoup de sel. — FORMENTERA, au S. d'Iviça, doit, dit-on, son nom au froment qu'on y récolte en abondance.

155. POPULATION. RELIGION. GOUVERNEMENT. — L'Espagne renferme une population de 14 à 15 millions d'habitants, professant tous la religion catholique. — Son gouvernement est une monarchie constitutionnelle dans laquelle le trône est héréditaire, même pour les femmes.

CLIMAT ET PRODUCTIONS DE L'ESPAGNE ET DU PORTUGAL. — L'Espagne occupe, avec le Portugal, la totalité de la vaste péninsule qui termine l'Europe au S. O. Cette belle contrée, traversée en tous sens par de hautes chaînes de montagnes, jouit, par cette raison, d'une température moins chaude que celle qu'elle devrait éprouver d'après sa position : cependant les côtes méridionales sont exposées à de grandes chaleurs, et même aux funestes effets d'un vent brûlant d'Afrique, nommé le *solano*. Le sol, mal cultivé, supplée par sa fertilité à la paresse des habitants, et donne les productions les plus variées. Les riches mines d'or et d'argent, d'où les Carthaginois et les Romains tirèrent d'immenses trésors, ont cessé d'être exploitées; mais le fer, le plomb, le cuivre et les marbres précieux s'y trouvent encore en abondance. La laine fine des moutons *mérinos*, la soie et les vins fins sont aussi pour les Espagnols et les Portugais d'importants objets de commerce.

156. COLONIES ET POSSESSIONS LOINTAINES. — L'Espagne, autrefois le plus riche des États de l'Europe en possessions lointaines, conserve encore dans les diverses parties du monde des colonies assez importantes, savoir :

En Afrique, les villes fortifiées dites *Présides* (*Ceuta, Melilla*, etc.), sur la côte septentrionale du Maroc, et le groupe des îles *Canaries*, groupe composé de 7 grandes îles et de plusieurs petites. La plus remarquable est *Ténérife*, fameuse par le pic haut de 3719 mètres dont elle porte le nom. Villes princ., *Laguna* et *Santa-Cruz*.—L'*île de Fer*, où l'on faisait passer le premier méridien, et l'*île Canarie*, qui a donné son nom au groupe.

En Amérique : les riches et importantes îles de *Cuba* (capitale *La Havane*) et de *Porto-Rico*, dans les Grandes Antilles.

En Océanie : l'archipel des îles *Philippines*.

157. RÉPUBLIQUE D'ANDORRE. — Il existe dans une vallée de la chaîne des Pyrénées, entre la France et l'Espagne, un petit État indépendant sous la protection de la France et de l'Espagne nommé République d'Andorre, du nom de sa capitale ANDORRE-LA-VIEILLE, petite ville de 2,000 âmes sur la Balira, affluent de la Sègre, tributaire de l'Èbre. La population totale de cette vallée est d'environ 16,000 habitants, pasteurs pour la plupart, gouvernés par un conseil de 24 membres nommés à vie, et présidés par un syndic chargé du pouvoir exécutif et secondé par deux viguiers.

§ II. — PORTUGAL (1).

158. POSITION. LIMITES. — Le royaume de Portugal, le plus occidental des États de l'Europe méridionale, est situé au S. O. de la grande péninsule Hispanique. — Il est borné à l'O. et au S. par l'Océan Atlantique, et de tous les autres côtés, par l'Espagne.

159. DIVISIONS ET VILLES PRINCIPALES. — Le royaume de Portugal est partagé en 7 provinces, subdivisées en 17 districts, dont 4 sont formés par les archipels des *Açores*, de *Madère* et du *Cap-Vert*, qui se rattachent géographiquement à l'Afrique. — Les 7 provinces sont celles du *Minio* ou *Minho*, au N. O.; de *Tras-os-Montes*, au N. E.; de *Haut-Beira*, de *Bas-Beira* et d'*Estrémadura*, au centre; d'*Alem-Téjo*, plus au S., et des *Algarves*, sur la côte méridionale.

VILLES PRINCIPALES. — Les villes principales du Portugal sont : LISBONNE, à l'embouchure du Tage; capitale de l'*Estrémadure Portugaise* et de tout le royaume, résidence des souverains. Son port, qui est très-vaste, passe pour un des meilleurs de l'Europe. Renversée par le tremblement de terre de 1755, elle est entièrement réparée (260 mille hab.).

Au S. O. se trouve *Bélem*, sur le Tage, sépulture des rois. — BRAGA, au N., archevêché; capitale de la province du *Minio*, dont la ville principale, située à l'embouchure du *Douro*, est le port de PORTO ou *Oporto*, renommé pour ses vins, et devenu par son commerce, la seconde ville du Portugal (62 mille hab.).

---

(1) Voyez dans l'Atlas de M. Ansart la carte d'ESPAGNE et PORTUGAL.

— BRAGANCE, au N. E. de Braga, capitale de la province de *Tras-os-Montes* (*au delà des monts*). Cette ville a donné son nom à la famille actuellement régnante. — COÏMBRE, au S. de Braga, la ville la plus importante des deux provinces de *Beira*, et ancienne résidence des rois : fameuse université (13 mille hab.). — EVORA, au S. E. de Lisbonne, capitale de l'*Alem-Tejo* ou *en deçà du Tage*, province riche en oliviers et en fruits exquis, mais marécageuse. — OURIQUE, plus au S. O., dans la même province, célèbre par la victoire qu'Alphonse Henriquez y remporta sur les Maures en 1139, et à la suite de laquelle il fut proclamé roi. — TAVIRA, sur l'Océan, capitale des Algarves.

140. **POPULATION. RELIGION. GOUVERNEMENT.** — Le Portugal a environ 550 kilomètres de long sur 260 de large et renferme plus de 3 millions et demi d'habitants professant presque tous la religion catholique. — Son gouvernement est une monarchie représentative dans laquelle la couronne est héréditaire, même pour les femmes.

Le climat et les productions sont les mêmes que ceux de l'Espagne, ainsi que nous l'avons indiqué plus haut (n° 135).

141. **COLONIES ET POSSESSIONS LOINTAINES.** — Les possessions éloignées des Portugais sont : 1° Les AÇORES, groupe de 10 îles peuplées de 200 mille habitants, situées sous un climat délicieux, et dont la principale est *Terceire*, cap. *Angra*, résidence du gouverneur. 2° MADÈRE, peuplée de 80 mille habitants, célèbre par son vin, cap. *Funchal*; 3° les ILES DU CAP-VERT, au N. O. du cap de ce nom, au nombre de vingt, peuplées de 45 mille habitants; la principale est *San Yago*, capitale *Porto Praya*. Cette île est fertile, mais malsaine; 4° en Asie, sur la côte occidentale de l'*Hindoustan*, Goa, Diu, et sur la côte méridionale de la *Chine*, Macao; 5° En Océanie, dans la Malaisie, l'archipel des *Iles Timoriennes*. — L'étendue de ces dernières possessions comprend en totalité environ 46,100 kilomètres carrés et une population de 830,000 habitants.

QUESTIONNAIRE. — § I. 131. Quelles sont la position et les limites de l'Espagne? — 132. Quelles sont les anciennes divisions? — Quelles sont les divisions actuelles? — 133. Indiquez les villes principales des provinces du nord et du centre — Indiquez celles du midi — 134. Quelles sont les îles qui dépendent de l'Espagne? — 135. Quelles sont la population et la religion? — Quel est le gouvernement? — Quel est l'aspect du pays? — Quel est son climat et quels sont ses produits? — 136. Quels sont les colonies et les ports? — 137. Décrivez la république d'Andorre. — § II. 138. Quelles sont la position et les limites du Portugal? — 139 Quelles sont les divisions et les villes principales? — 140. Quelles sont l'étendue et la population du Portugal? — Quels sont la religion et le gouvernement? — 141. Quelles sont les possessions lointaines du Portugal? — Quelles sont ses colonies?

CHAPITRE DIXIÈME.

GRÈCE ET TURQUIE.

SOMMAIRE.

§ I. 142. La Turquie occupe le N. de la péninsule turco-grecque; elle est bornée au N par la Russie et l'Autriche; à l'O par l'Illyrie, la mer Adriatique et la mer Ionienne; au S. et a l'E. par la Grèce, le detroit des Dardanelles, la mer de Marmara et la mer Noire.

143. Les états du sultan se divisent en provinces immediates et provinces mediates. Les mediates sont : la Moldavie, la Valachie et la Servie. Les immediates forment 4 eyalets et 24 pachaliks : 1º eyalet de Bosnie, 2º de Roum-Ili; 3º de Silistrie; 4º des Djezaïrs ou des Iles.

144 Les principautés danubiennes sont placées sous la suzeraineté de la Porte, à laquelle elles payent tribut, et sous le protectorat des grandes puissances européennes. 1º la Moldavie, bornée par l'Autriche, la Russie et le Danube, capitale Jassy ; 2º la Valachie, au S. de la Modalvie et des Karpathes, capitale Bucharest; 3º la Servie, au S O., gouvernée par un prince hereditaire; capitale Semendria, ville principale Belgrade.

145. Les villes principales des provinces immediates sont : Constantinople, capitale de l'empire, Andrinople, Varna, Seboumla, Gallipoli, Sophia, Scutari, Salonique, Larisse et Bosna-Seraï.

146 Les principales îles qui dépendent de la Turquie d'Europe sont : Tasso, Samotraki, Imbro, Stalimene, Candie.

147. La population est d'environ 15 millions d'habitants, dont plus des deux tiers suivent la religion grecque; le reste musulmans. Le gouvernement est une monarchie absolue, gouvernée par le sultan. Le climat est doux, le pays fertile et riche en mines encore mal exploitées, à cause de la barbarie, qui a empêché pendant quatre siècles ce pays de suivre la civilisation européenne, qui commence à peine à y pénétrer.

148. Les possessions hors de l'Europe sont : la Turquie d'Asie, divisée en 5 parties, et, comme tributaires, quelques Etats de l'Arabie, l'Egypte, Tripoli et Tunis.

§ II. 149 La Grèce, avec les îles qui en dépendent, est bornée par la Turquie, par la mer Ionienne, par la Mediterranée et par l'Archipel.

150. La Grece se partage en 3 parties . la Livadie au N., la Morée au S., et les îles. Elle est divisée en 10 nomarchies et 19 éparchies.

151. Les villes principales sont . Athènes, capitale du royaume, Lépante, Corinthe, Nauplie, Patras.

152. Les principales îles sont : 1º Negrepont; 2º les petites, au N. E.; Skiato, Scopelo, Sarakino, etc ; 3º les Cyclades, Andro, Tino, Syra, Naxia, Paro, Santorin, Milo, etc.; 4º Colouri, Engia, Poros, Hydra, Spetzia, sur les côtes de la Morée.

153. La population est d'environ 1 million d'habitants, professant la religion

grecque. Le gouvernement est une monarchie representative. Le climat et la temperature sont analogues à ceux de l'Espagne Le sol est fertile, mais il est peu cultivé, par suite des desastres de la guerre de l'independance.

154. Les îles Ioniennes, situées sur la côte occidentale de la Grèce, sont sous le protectorat de l'Angleterre Ces 7 îles sont : Cerigo, Zante, Cephalonie, Theaki, Sainte-Maure, Paxo, Corfou, avec une capitale du même nom.

§ I. — TURQUIE D'EUROPE (1).

142. POSITION ET LIMITES. — La Turquie d'Europe, l'une des parties du vaste *Empire Ottoman*, est comprise dans une grande péninsule qui forme la portion S. E. de l'Europe. Elle est bornée au N. par la Russie et l'Autriche; à l'O., par l'Illyrie autrichienne, la mer Adriatique, le canal d'Otrante et la mer Ionienne; au S., par la Grèce, le détroit des Dardanelles et la mer de Marmara; et à l'E., par le canal de Constantinople et la mer Noire. — En outre, l'île de *Candie* et toutes les *îles du N. de l'Archipel* appartiennent aussi à la Turquie d'Europe.

143. DIVISIONS TERRITORIALES. — Les États du Sultan en Europe sont de deux espèces : les provinces *immédiates* et les provinces *médiates*. Ces dernières, qui forment des États plutôt tributaires que sujets de la Porte Ottomane, sont au nombre de 3, savoir : la *Moldavie* et la *Valachie* situées au N. du Danube et de l'Empire, la *Servie*, sur la rive droite du Danube. On les comprend généralement sous le nom de *Principautés Danubiennes*. Les provinces immédiates sont réparties en 4 grands gouvernements ou *eyalets*, subdivisés en 24 *pachalicks*. Ces 4 eyalets sont : 1° celui de *Bosnie* comprenant la partie de la *Croatie* qui appartient à la Turquie; 2° l'eyalet de Romélie ou mieux *Roum-Ili* (pays des Romains) au centre, comprenant l'*Albanie* (autrefois Illyrie Grecque et Épire), et les anciennes contrées célèbres sous les noms de Thessalie, Macédoine et Thrace; 3° l'eyalet de *Silistrie*, sur les rivages de la mer Noire; 4° enfin l'eyalet des *Djézairs* ou des îles, qui, outre les îles répandues dans le N. et l'E. de l'Archipel, comprend aussi une partie du littoral de cette même mer et de celle de Marmara. L'île de *Candie*, au S. de l'Archipel, fait aussi partie des États du Grand Seigneur.

144. PROVINCES DANUBIENNES. VILLES PRINCIPALES. — Les Principautés Danubiennes, provinces tributaires de l'empire turc et placées sous le protectorat des grandes puissances européennes, sont : 1° la MOLDAVIE, au N., bornée par l'Autriche

---

(1) Voir dans l'atlas de M. Ansart la carte de TURQUIE D'EUROPE et GRÈCE.

à l'O. et la Russie au N. et à l'E., et au S. par la Valachie et le Danube. — JASSY, capitale à l'E.; siége du gouvernement et d'un archevêché grec (50,000 hab.). — *Galatz*, au S. E., est un port fréquenté sur le Danube. — 2° La VALACHIE, au S. de la Moldavie et des monts Karpathes, bornée au S. et à l'E. par le Danube. — BUKHAREST (*Boukouresti*), au S. O. de Jassy; archevêché grec, ville grande, commerçante, mais malsaine (130,000 hab.) — 3° La SERVIE, au S. O. de la Valachie, s'étend du Danube au mont Argentaro. Elle est gouvernée par un prince héréditaire, tributaire de la Turquie, mais du reste entièrement indépendant. — SEMENDRIA (*Smederewo*), sur le Danube, résidence du prince et du sénat. — *Belgrade* est la ville la plus importante, place très-forte au confluent de la Save et du Danube (30,000 hab.).

143. PROVINCES IMMÉDIATES. VILLES PRINCIPALES. — Les villes principales de la Turquie sont :

Dans l'eyalet de Silistrie : CONSTANTINOPLE (*Stamboul*), sur le détroit de son nom, fondée par Constantin, dans la position la plus belle et la plus avantageuse de l'univers, avec un port immense nommé *la Corne d'Or;* prise, en 1453, par Mahomet II, qui en fit la capitale de son empire (800,000 hab.) — ANDRINOPLE, au S. O. de Constantinople, sur la Maritza; elle a été le séjour des sultans; 110,000 habitants.—*Varna*, bon port sur la côte occidentale de la mer Noire. — *Schoumla*, à l'O. de Varna, au pied d'une petite chaîne qui se rattache aux monts Balkans; ville très-forte. — *Silistrie*, sur le Danube, ville forte résista énergiquement aux Russes, qui l'assiégèrent inutilement en 1854.

Dans l'eyalet des îles : GALLIPOLI, port dans la Péninsule et sur le détroit des Dardanelles, ville industrieuse et commerçante (60,000 hab.) — *Rodosto*, archevêché grec, sur la mer de Marmara.

Dans l'eyalet de Roum-Ili : *Vidin* et *Routschouk*, places fortes sur le Danube. — SOPHIA capitale de la *Bulgarie* et résidence du beglerbeg ou gouverneur général des provinces centrales de la Turquie d'Europe. — *Scutari* (Scodra), au S., sur le lac du même nom; grande ville, capitale de l'*Albanie*; résidence du pacha et d'un évêque catholique romain. — SALONIQUE au S. O., sur le golfe de ce nom; ville considérable et très-commerçante (50,000 hab.). — *Larisse*, sur la Salembria, au S.; entrepôt des provinces méridionales, archevêché grec (30,000 hab.)

Dans l'eyalet de Bosnie : BOSNA-SERAI (ou *Serajevo*), ville grande, industrieuse et bien peuplée (70,000 hab.); capitale de l'eyalet, dont toutefois le pacha réside à *Travnick*, petite ville forte, située plus au N. O.

146. ILES QUI DÉPENDENT DE LA TURQUIE. — Les îles qui dépendent de la Turquie d'Europe sont :

1° Au N. de l'Archipel : TASSO (ancienne Thasos); — SAMOTRAKI; — IMBRO; — STALIMÈNE OU LEMNOS, la plus grande des quatre. — 2° Au S. de l'Archipel, la grande île de CANDIE, d'environ 900 kilomètres de tour, et peuplée de 240 mille habitants. Cette île, la plus grande de l'ancienne Grèce, est divisée en 3 pachalicks, dont les capitales sont : CANDIE, port fortifié, sur la côte septentrionale, archevêché grec et la principale ville de l'île (15 mille hab.); — RETIMO, à l'O. de Candie; — LA CANÉE, à l'O. de Rétimo, ports munis de quelques fortifications. *Spachia* ou *Sphakie*, port situé sur la côte méridionale, a des habitants qui se livrent au commerce et à la piraterie. Ils sont indépendants des Turcs, ainsi que les *Abdiotes* qui habitent au S. E. et qui sont un reste des Sarrazins.

147. POPULATION. RELIGION. GOUVERNEMENT. NOTIONS DIVERSES. — La population de la Turquie d'Europe est évaluée à environ 15 millions d'habitants, dont les deux tiers environ sont Grecs et suivent la religion grecque; le reste se compose, pour la plus grande partie, de Turcs qui sont mahométans de la secte d'Omar. — Le gouvernement de l'Empire Ottoman, nommé souvent la *Porte Ottomane* ou simplement *la Porte*, est une monarchie despotique qui a pour chef le *Sultan*, appelé quelquefois aussi *le Grand Turc* ou *le Grand Seigneur*.

CLIMAT, PRODUCTIONS. — La Turquie d'Europe jouit d'un climat doux et salubre. Elle est traversée par plusieurs chaînes de montagnes qui recèlent des mines précieuses, encore mal exploitées malgré les progrès faits depuis quelques années. Les provinces septentrionales sont couvertes de riches pâturages qui pourraient nourrir de nombreux troupeaux ; celles du midi, dont le sol n'est pas moins fertile, fourniraient en abondance toutes les productions de l'Italie ; mais l'industrie et l'agriculture sont en retard dans ces riches contrées, où, depuis quelques années seulement, la civilisation européenne commence à pénétrer, chassant à grand peine devant elle la barbarie et le fanatisme qui gouvernèrent l'empire ottoman pendant près de quatre siècles.

148. POSSESSIONS HORS DE L'EUROPE. — Hors de l'Europe, la Turquie possède, ainsi que nous l'avons vu (cours de sixième, n°ˢ 73 et suiv.) des provinces en Asie et en Afrique; les provinces d'Asie soumises immédiatement, sont : 1° l'*Asie Mineure*, cap. SMYRNE; 2° l'*Arménie Turque*, cap. ERZEROUM; 3° le *Kurdistan*, cap. MOSSOUL; 4° l'*Al-Djezireh*, ou l'Irak-Arabi, villes principales : *Diarbekir* et *Bagdad* ; 5° la *Syrie* et la *Palestine*, villes principales *Alep*, *Damas* et *Jérusalem*. — Quelques petits États situés en *Arabie* ne sont que tributaires. Les provinces d'Afrique ne sont également que tributaires de l'empire ottoman ; ce sont : 1° l'*Egypte*, gouvernée par un vice-roi ; 2° la *régence de Tripoli*, gouvernée par un pacha ; et 3° la *régence de Tunis*, gouvernée par un bey.

§ II. — Grèce (1).

149. Situation. Limites. Le royaume de Grèce avec les nombreuses îles qui en dépendent, est située au S. de la Turquie d'Europe. Cette contrée, qui en 1827 s'est soustraite au joug des Turcs par une lutte héroïque et sanglante, est bornée au N. par la Turquie, à l'O. par la mer Ionienne, au S. par la Méditerranée, et à l'E. par l'Archipel.

150. Divisions territoriales. — La Grèce se divise naturellement en 3 parties, savoir : la *Livadie*, au N. du golfe de Corinthe et à l'E. de celui d'Athènes ; la presqu'île de *Morée*, au S. du golfe de Corinthe, et les *Iles* répandues le long des côtes orientales de la Grèce. — Sous le rapport politique la Grèce est divisée en 10 *nomarchies* et en 19 *éparchies*.

151. Villes principales des provinces continentales. — Les principales villes de la Grèce sur le continent sont : — ATHÈNES, dans une péninsule séparée de la Morée par le golfe qui porte son nom ; capitale de la nomarchie d'*Attique* et *Béotie* et de tout le royaume de Grèce. Elle a dû cette distinction à son ancienne célébrité et aux monuments de l'antiquité qu'elle conserve encore, parmi lesquels on distingue surtout les restes du *Parthénon* ou temple de Minerve, bâti sur le rocher élevé qui sert de citadelle, et que l'on nomme encore aujourd'hui l'*Acropolis*. Cette ville, où la France possède depuis l'année 1846 un établissement d'instruction publique, compte environ 40 mille habitants. — Le *Piré*, comme autrefois, sert de port à Athènes.

Lépante, ville très-forte, sur le golfe du même nom. — A peu de distance vers l'O., à l'extrémité d'une langue de terre qui s'avance dans le golfe, se trouve *Missolonghi*, fameuse par la défense héroïque de ses habitants contre les Turcs, en 1826. — Corinthe, dans la Morée, à l'entrée de l'isthme auquel elle a donné son nom. — Tripolitza, à peu près au centre de

---

(1) Voir dans l'atlas de M. Ansart la carte de Turquie d'Europe et Grèce.

la Morée, non loin des ruines de *Mantinée*, capitale de la nomarchie d'*Arcadie*. — NAUPLIE OU NAFOLI DE ROMANIE, au N. E. de Tripolitza, ville très-forte avec un bon port, fut pendant plusieurs années le siége du gouvernement grec, capitale de la nomarchie d'*Argolide*, dans laquelle on trouve, un peu plus au N. O., *Argos*, célèbre dans l'histoire de l'ancienne Grèce. — PATRAS, port très-commerçant sur le golfe auquel il donne son nom, capitale de la nomarchie d'*Achaïe*. — NAVARIN (près de l'ancienne Pylos), au S. O., port devenu célèbre par la destruction de la marine turque, en 1827, opérée par les flottes française, anglaise et russe réunies. — SPARTA, ville nouvelle récemment élevée sur les ruines de l'ancienne Sparte, capitale de la nomarchie de *Laconie*.

152. ILES QUI DÉPENDENT DE LA GRÈCE. — Les îles qui dépendent de la Grèce sont : 1° La grande île de NÉGREPONT, sur la côte orientale de la Livadie, dont elle est séparée par le détroit de Négrepont (ancien Euripe), célèbre par la singularité de son flux et de son reflux, et traversé dans son point le plus resserré par un pont de 17 mètres. L'île a environ 500 kilomètres de circuit; elle forme la nomarchie d'*Eubée*, chef-lieu KHALKIS, nommée aussi *Egribos* ou *Négrepont*, sur le détroit; ville forte, considérée comme l'une des clefs de la Grèce.

2° Les petites îles situées au N. E. de Negrepont, dont les principales sont : SKIATO, qui possède une bonne rade ; — SCOPELO et SARAKINO, dont les vins sont estimés ; — CHELIDROMIA et PELAGNISI, au N. E.; — SKIRO (ancienne Scyros), au S. E., riche en beaux marbres. — 3° Les CYCLADES, ainsi appelées (de κυκλος, en grec *cercle*) par les anciens, qui les croyaient rangées en rond autour de l'île de DELOS, aujourd'hui SDILI, célèbre par le culte d'Apollon ; elles occupent tout le sud de l'Archipel. Les plus remarquables sont : ANDRO (Andros), à la pointe S. E de Negrepont ; — TINO (Tenos), au S. E., très-bien cultivée et produisant beaucoup de soie ; — MICONI (Myconos) ; — SIRA (Syros), qui renferme la ville d'*Hermopolis*, fondée depuis quelques années seulement, mais que son commerce a déjà rendue une des plus importantes de la Grèce ; — NAXIA (Naxos), au S. E., la plus considérable des Cyclades ; — PAROS, à l'O. ; — AMORGO (Amorgos), au S. E. ; — SANTORIN (Thera), au S. ; — MILO (Melos), à l'O., possède un des meilleurs ports de la Méditerranée ; ces îles ont des capitales qui portent les mêmes noms. — 4° Les îles situées sur la côte de la Morée, savoir : COLOURI (ancienne Salamine) ; — ENGIA (ancienne Égine) ; — POROS, qui doit à la beauté et à la commodité de son port d'avoir été choisi pour l'établissement des chantiers de la marine royale ; — HYDRA (Hydrea), dont les habitants, les plus habiles marins de l'Archipel, se sont montrés les ennemis les plus redoutables des Turcs, dans la guerre que leur ont faite les Grecs pour se soustraire à leur domination. Sa capitale, qui porte le même nom, est une des villes les plus jolies et les plus peuplées de la

Grèce, et possède des chantiers de construction très-considérables. — SPETZIA, à l'entrée du golfe de Nauplie, avec une capitale du même nom, qui possède une importante marine marchande.

153. POPULATION. RELIGION. GOUVERNEMENT. NOTIONS DIVERSES. — La population de la Grèce, cruellement décimée par les malheurs de la guerre, ne s'élève qu'à environ 1 million d'habitants professant la religion grecque, dont une des branches est réunie à l'église catholique. — Le gouvernement de la Grèce est devenu, au commencement de l'année 1832, une monarchie héréditaire, sous la souveraineté du roi Othon, fils du roi de Bavière; une constitution proclamée en 1844 y a établi le gouvernement représentatif.

CLIMAT, PRODUCTIONS. — La Grèce est encore plus que l'Espagne, traversée en tous sens par de hautes chaînes de montagnes, qui y produisent sur la température les mêmes effets. Le sol, naturellement fertile, fournirait en abondance toutes les productions de l'Italie; mais l'agriculture, longtemps découragée, y est encore languissante, par suite de la guerre longue et désastreuse qui a précédé l'émancipation de ce pays.

154. ILES IONIENNES. — On doit rattacher à la Grèce un groupe d'îles placé le long des côtes de ce royaume, dans la partie de la mer Méditerranée, qui a pris le nom de mer Ionienne. — Ces îles au nombre de 7, formaient autrefois la république des Sept Iles. — Après avoir successivement appartenu aux Vénitiens, aux Turcs, aux Russes et aux Français, elles forment aujourd'hui un Etat soumis au protectorat de l'Angleterre. — Ces îles sont : CERIGO (ancienne Cythère), au S. de la Morée; ZANTE, à l'O. de la Morée; elle a environ 150 kilomètres de tour, et 45,000 habitants; CEPHALONIE, au N. O. de Zante; environ 260 kilomètres de circuit et de 60,000 habitants; — THÉAKI (ancienne Ithaque), au N. E. de Cephalonie; — SAINTE-MAURE, au N. des précédentes; — PAXO (Paxos), très-petite, au N. O. de la précédente; chef lieu, *Porto-Gago* — CORFOU, au N. O.; elle a environ 180 kilomètres de circuit et 60,000 habitants. Toutes ces îles, à l'exception de Paxo, ont des capitales qui portent les mêmes noms. *Corfou*, la plus importante de toutes par sa population de 20,000 habitants, par son commerce et par ses importantes fortifications, est la capitale de la république et le siège d'un archevêque catholique et d'un métropolitain grec.

QUESTIONNAIRE.— § I. 142. Quelles sont la position et les limites de la Turquie d'Europe?— 143. Comment se divisent les Etats turcs?— Comment sont partagées les provinces Immédiates?— 144 Quelle est la situation des principautés danubiennes?— Quelles sont ces principautés?— Quel est leur gouvernement?— Quelles sont leurs villes principales? 145. Quelles sont les villes principales des provinces Immédiates?— 146 Quelles sont les îles qui dépendent de la Turquie d'Europe?— 147. Quelle est la population de l'empire?— Quels sont la religion et le gouvernement?— Quel est le climat et quels sont les productions de l'empire turc?— 148. Faites connaître les possessions turques en Asie... en Afrique?— § II. 149. Quelles sont les limites et la position de la Grèce?— 150 Quelles sont les divisions naturelles et les divisions politiques?— 151. Indiquez les villes principales?— 152. Quelle est la grande île qui dépend de la Grèce? — Quelles sont les petites? — 153. Quelle est la population? — Quelle est la religion? — Faites connaître le gouvernement. — 154. Où sont situées les îles Ioniennes? — A qui appartiennent-elles? — Quelles sont-elles? — Quelle est leur capitale?

CHAPITRE ONZIÈME.

GÉOGRAPHIE POLITIQUE DE L'AFRIQUE SEPTENTRIONALE.

PREMIÈRE PARTIE.

SOMMAIRE.

155. L'Afrique se divise en 17 contrées, savoir : l'Egypte, la Nubie, l'Abyssinie; au N. E.; Tripoli, Tunis, l'Algérie et le Maroc avec le Sahara, au N. O.; la Senegambie, la Guinée, le Congo, à l'O., le Soudan et la Cafrerie, au centre; le gouvernement du Cap, au S.; le Mozambique, le Zanguebar et l'Ajan, à l'E. Les 8 premières étaient à peu près connues des Anciens.

§ I. 156. L'Egypte est bornée au N. par la Mediterranée, a l'O par les deserts de Barcah et de Lybie, au S. par la Nubie, à l'E. par la mer Rouge. Elle comprend aussi les oasis situés dans les deserts environnants.

157. La population est de 6 millions d'habitants, qui suivent les religions grecques et mahometanes L'Egypte est gouvernée par un vice-roi sous la suzerainete du sultan de Constantinople.

158. L'Egypte se divise en 3 regions : Haute, cap. Syout; Moyenne, cap. le Caire, capitale de toute l'Egypte; Basse, villes principales Alexandrie, Rosette, Damiette et Suez.

159. Les oasis qui en dépendent sont celles de Syouah, la petite, puis la grande oasis au S. O. du Caire.

§ II. 160. La Nubie, au S. de l'Egypte, est bornée par celle-ci au N., par le Soudan a l'O., l'Abyssinie au S. et la mer Rouge a l'E.

161. Elle est sous la souveraineté du vice-roi d'Egypte; ses villes remarquables sont : Deyr, Marakah, Chendy, Khartoum, Sennaar, Souakim et Obeid.

§ III. 162. L'Abyssinie est bornée au N. et a l'E par la Nubie; à l'O. par le Soudan, au S. par les monts de la Lune et la côte d'Ajan, à l'E. par la mer Rouge. Elle a 4 millions et demi d'habitants professant la religion chretienne mêlée de superstitions, ils sont en partie soumis aux *Gallas* venus du centre de l'Afrique

163. On distingue les Etats suivants : royaume d'Amhara, capitale Gondar, et Devra-Tabour, le Tigré, villes principales Enchetcab, Chelicout et Axum. Le Choa et l'Efat, villes principales Angolola et Angobar.

164. Les trois contrees ci-dessus constituent le bassin du Nil auquel elles doivent leur fertilité; on y cultive le blé, le riz, le coton, la canne à sucre, etc.; on y trouve de l'or et de l'ivoire. Toute la vallée du Nil est couverte de monuments de l'antiquité.

§ IV. 165. On réunit sous le nom de côte de Barbarie, le N. O. de l'Afrique qui comprend les regences de Tripoli et de Tunis, l'Algerie et le Maroc. Les habitants sont mahometans, sauf les colons français de l'Algerie qui sont chretiens.

166. L'Etat de Tripoli est borné à l'E. par le pays de Barcah, ou N. par la Mediterranee, à l'O par la regence de Tunis, au S. par le Fezzan. Il a 950 mille habitants gouvernes par un bey. Tripoli est la capitale.

167. De Tripoli dependent : 1° le pays de Barcah, villes principales Derne et Ben-Ghasi ; 2° le Fezzan, capitale Mourzouk ; 3° le pays de Ghadamès.

§ V. 168 L'Etat de Tunis, à l'O. du precedent, borne par lui à l'E., par la Méditerranée au N., par l'Algerie à l'O, et par le Sahara au S Il a 1,800 mille habitants et est gouverne par un bey. Capitale, Tunis. Au S. se trouve le pays de Touzer.

§ VI. 169. L'Algerie, colonie française, est bornée au N. par la Mediterranee, à l'E. par Tunis, au S. par le Sahara, à l'O. par le Maroc. Elle a 2 millions et demi d'habitants dont 125 mille Europeens Elle se divise en 3 provinces : 1° Constantine, 2° Alger, 3° Oran.

170. Les villes principales sont, dans la première : 1° Constantine, Philippeville et Bougie. — Dans la seconde : 2° Alger, capitale de la colonie, Blidah, Orleansville. — Dans la dernière : 3° Oran, chef-lieu, Mostaganem et Tlemcen.

§ VII. 171. Le Maroc est borne par l'Algerie à l'E , la Mediterranee au N., l'Atlantique à l'O. et le Sahara au S. Il se divise en 4 parties 1° royaume de Fez, 2° royaume de Maroc, 3° royaume de Suz et 4° royaume de Tafilet. Il a environ 6 millions d'habitants et un gouvernement absolu.

172. Les principales villes sont Maroc, capitale, Mequinez, Fez, Tanger, Mogador, Torodant, Gourland et Tafilet.

173. L'Atlas traverse toute la Barbarie au N , il procure un climat agreable et des productions variees en l'abritant du vent du sud qui fait un desert de son autre versant. La civilisation marche en Algérie avec la conquête française. Les produits sont le blé, le tabac et les huiles

§ VIII. 174. Le Sahara règne au sud des pays ci dessus jusqu'à l'Atlantique, il est habité par des nomades : les Touareks, les Tibbous et les Touats, qui ont les villes de Agadès et Aglaby situees dans des oasis.

175. Le grand Desert est habite par environ 750 mille nomades mahometans ; les peuples de la côte sont barbares et inhospitaliers Les rivieres sont rares et se perdent dans les sables, sauf le Saint Cyprien, le Saint-Jean et le Rio Ouro. Les oasis sont fertiles et renferment de nombreux troupeaux, et produisent les dattes qui nourrissent les habitants.

155. DIVISION POLITIQUE DE L'AFRIQUE. — L'Afrique peut être divisée en 17 contrées principales savoir : l'*Égypte*, la *Nubie*, et l'*Abyssinie*, au N. E; la Barbarie qui a formé : les régences de *Tripoli* et de *Tunis*, l'*Algérie*, et le *Maroc*, enfin le *Sahara*, au N. O. ; la *Sénégambie*, la *Guinée*, le *Congo*, sur la côte occidentale ; le *Soudan* et la *Cafrerie*, au centre ; le gouvernement du *Cap*, au S. ; la capitainerie générale de *Mozambique*, le *Zanguebar* et l'*Ajan*, sur la côte orientale.

Sur ces 17 contrées les 8 premières étaient les seules dont les anciens eussent connaissance ; nous allons donc les étudier en premier lieu. *

§ I. — ÉGYPTE.

156. POSITIONS ET LIMITES. — L'Égypte forme une grande vallée de 1050 kilomètres de long sur 18 à 35 de large, arrosée par le Nil. Elle est bornée au N. par la Méditerranée, à l'O., par les déserts de Barcah et de Libye; au S., par la Nubie, et à l'E., par la mer Rouge et l'isthme de Suez. Mais les possessions du souverain qui règne aujourd'hui sur ce pays s'étendent bien au delà de ces limites à l'O. et au S. : elles embrassent les *oasis*, répandues dans les déserts qui avoisinent l'Égypte, à l'O., la *Nubie* et le *Kordofan*, au S.

157. POPULATION ET GOUVERNEMENT. — La population des États qui obéissent au vice-roi d'Égypte peut être évaluée à 6 millions d'habitants, et celle de l'Égypte proprement dite à 4 millions, qui appartiennent à quatre races différentes, savoir : les *Coptes*, qui paraissent descendre des anciens habitants, dont ils ont conservé le langage, quoique avec beaucoup d'altération : ils professent la religion grecque; les *Arabes*, les *Mamelouks* et les *Turcs*, qui l'ont subjuguée successivement. Elle est gouvernée par un vice-roi sous la suzeraineté de la Turquie.

158. DIVISIONS ET VILLES PRINCIPALES. — L'Égypte se divise en trois régions, savoir : — la *Haute*, nommée aussi Saïd, au S.; capitale SYOUT ou *Assyout* que l'on considère comme ayant remplacé, dans ce rang, GIRGÉH, sur la rive gauche du Nil. — La *Moyenne* ou OUESTANIÉH, au centre, et dans laquelle se trouve LE CAIRE, sur la rive droite et à environ un kilomètre du Nil, un peu au-dessus de l'endroit où il se partage en plusieurs branches; capitale de la Moyenne-Égypte et de toute l'Égypte, peuplée, dit-on de 215 mille habitants. — A 2 kilomètres au N. O. se trouve *Boulak*, sur le Nil, considéré comme le port du Caire, et important par son école d'enseignement supérieur, son imprimerie et ses manufactures (18 mille hab.). — Plus à l'O. sur la rive gauche du Nil, se trouvent les *Pyramides*, qui existent depuis 4 mille ans, et dont la plus élevée a 146 mètres. — Enfin la *Basse Égypte* ou BAHARY, au N. A l'une des embouchures occidentales du Nil, qui n'y est plus navigable, on trouve ALEXANDRIE, près de la Méditerranée, non loin du fameux *phare*, elle est l'entrepôt du commerce de l'Égypte avec tout le sud de l'Europe (40 mille hab.). — ROSETTE (ancienne Canope), située à l'E., sur une des embouchures du Nil, lui sert en quelque sorte de port. (15 mille hab.) — DAMIETTE, sur la branche orientale du Nil, a aussi un bon port. — ABOUKIR, située au N. E. d'Alexandrie, est célèbre par le combat naval de 1798, dans lequel Nelson détruisit la flotte française, et par une victoire remportée sur terre par les Français, en 1799. — SUEZ, sur l'isthme qui en porte le nom; mauvais port sur la mer Rouge.

159. OASIS QUI DÉPENDENT DE L'ÉGYPTE. — Parmi les oasis qui dépendent de l'Égypte, on distingue : — celle de SYOUAH (ancien Ammon), au S O. du Caire, qui forme un petit État soumis par le Pacha d'Égypte ; — la Petite-Oasis ou *El-Baha rïéh*, au S. E. de la précédente, et qui produit les meilleures dattes de l'Égypte ; — celles de *Dakhel* et d'*El-Kardjéh*, ou Grande-Oasis, au S. E. de la précédente.

§ II. — NUBIE.

160. POSITION ET LIMITES. — La Nubie (partie septentrionale de l'ancienne Éthiopie) est située au S. de l'Égypte, et forme, comme elle, une étroite vallée traversée par le Nil ; elle a le Soudan à l'O., l'Abyssinie au S., et la mer Rouge à l'E.

161. DIVISION ET VILLES PRINCIPALES. — La Nubie se divise en un grand nombre de contrées peuplées par des tribus nomades qui vivent presque indépendantes, sous l'obéissance du vice-roi d'Égypte Les villes les plus remarquables de ces diverses contrées sont : — DEYR, dans la *Basse-Nubie*, sur la rive droite du Nil, importante par son commerce d'esclaves et les dattes renommées qui croissent dans ses environs. — MARAKAH ou *Nouveau-Dongolah*, sur la rive gauche du Nil, au S. O. de Deyr. Cette ville a remplacé depuis quelques années *Vieux-Dongolah*, situé plus au S. E, sur la rive droite du Nil, et longtemps capitale d'un puissant royaume qui fournissait beaucoup de poudre d'or et de plumes d'autruche. — CHENDY, au S. E. de Vieux-Dongolah, dans l'ancienne île ou presqu'île de *Méroé*, autrefois capitale d'un royaume et l'un des entrepôts du commerce de la Nubie. — KHARTOUM, non loin du confluent des deux branches du Nil nommées Bahr-el-Azrak ou fleuve Bleu, et Bahr-el-Abiad ou fleuve Blanc ; cette ville bien peuplée est très-commerçante. — SENNAAR, au S. de Chendy, sur la rive gauche du Bahr-el-Azrak, ville très-commerçante (9 mille hab.). Elle est la capitale d'un royaume dont le souverain, ou *mélik*, est tributaire du vice-roi d'Égypte — SOUAKIM, sur la mer Rouge, dont il est le port le plus commerçant. — OBÉÏD ou *Ibéit*, capitale du *Kordofan*, l'une des contrées soumises au vice-roi d'Égypte.

§ III. — ABYSSINIE.

162. BORNES, POPULATION, RELIGION ET GOUVERNEMENT. — L'Abyssinie (partie méridionale de l'ancienne Éthiopie), située au S. et à l'E. de la Nubie, a, à l'O., le Soudan; au S., les monts de la Lune et la côte d'Ajan, qui, avec la mer Rouge, la borne encore à l'E. — Elle a environ 1,000 kil. de long sur près de 900 de large. — Les habitants de ce pays, dont on porte le nombre à 14 millions et demi, professent la religion chrétienne, défigurée par plusieurs pratiques juives et superstitieuses. — L'Abyssinie formait autrefois un empire puissant gouverné par un monarque absolu appelé le *Grand-Négus*, et que l'on a quelquefois désigné sous le nom de *Prêtre-Jean*. Ce souverain, qui prétend descendre de Salomon, lutte avec peine contre l'invasion de la féroce nation des *Gallas*, venue de l'intérieur de l'Afrique, et dont les chefs se sont partagé presque toutes les provinces de l'Abyssinie, où ils règnent en souverains indépendants.

163. DIVISION. — On n'a que des notions fort incomplètes sur les divisions politiques actuelles de ce pays, où nous nous contenterons d'indiquer les États suivants, savoir : — le royaume d'AMHARA, à l'O., dans lequel se trouve le lac *Dembéa*, au N. E. duquel est située la ville de *Gondar*, ancienne capitale du royaume, où végète encore le Grand-Négus, et remplacée aujourd'hui comme capitale, par *Devra-Tabour*, résidence d'un prince galla. — Le TIGRÉ, au N. E., le plus puissant et le plus florissant des États de l'Abyssinie et le seul qui, par la valeur de ses habitants, ait su repousser le joug des Gallas. Il a pour capitale ENCHETCAB, résidence actuelle du souverain, mais *Chélicout* en est la ville la plus peuplée. On trouve encore dans ce royaume la ville commerçante d'*Adouëh* et l'antique cité d'AXUM, qui fut la métropole de l'Abyssinie dans le temps de sa splendeur, c'est-à-dire jusqu'en 925. — Il faut citer encore le riche et populeux royaume formé des provinces de *Choa* et d'*Efat*, situées plus au S., et qui a pour capitales *Angolola* et *Angobar*, résidence du plus puissant souverain de l'Abyssinie. — Les autres États ont peu d'importance.

164. NOTIONS DIVERSES SUR L'ÉGYPTE, LA NUBIE ET L'ABYSSINIE. — Nous réunissons ici ces trois contrées, parce qu'elles comprennent tout le bassin du Nil et que c'est à ce fleuve qu'elles doivent leur importance et leur fertilité. Cette fertilité est entretenue par les inondations périodiques du fleuve, qui arrivent tous les ans vers le solstice d'été, et sont occasionnées, à ce qu'on a lieu de croire, par la fonte des neiges des montagnes de l'Afrique centrale et par les pluies qui tombent entre les tropiques, où le Nil et ses principaux affluents prennent leur source. L'Abyssinie renferme presque toutes ses sources orientales, qui découlent des nombreuses chaines de montagnes qui la traversent en tous sens. Elle doit à ces circonstances une foule de beautés naturelles, une température très douce et une grande variété de productions, parmi lesquelles on distingue le blé, le millet, le riz, la canne à sucre, le coton, le café, le bois d'ébène et de sandal ; on en exporte en outre de l'ivoire, des plumes d'autruche et de la poudre d'or. La Nubie est également bien arrosée dans sa partie méridionale, surtout par les grands affluents du Nil, descendant de l'E., et principalement par le *Bahr-el-Azrak*, ou rivière Bleue, et par l'*Atbarah*, qui viennent se joindre au courant principal arrivant du S. O. et nommé le *Bahr-el-Abiad* ou rivière Blanche, pour former par leur réunion le grand fleuve du Nil. Elle est, comme l'Abyssinie, d'une grande fertilité et offre les mêmes productions. Dans la Nubie inférieure et dans l'Egypte, le Nil coule dans une vallée resserrée par deux chaines de montagnes, au delà desquelles s'étendent, à l'E. et à l'O., de vastes déserts sablonneux et arides ; mais cette vallée s'élargit en approchant de la mer. L'Egypte produit en abondance le blé, le coton, le riz, le lin, le chanvre, la canne à sucre, les palmiers, les dattiers, les orangers, et le *papyrus*, de l'écorce duquel les anciens faisaient une espèce de papier. — Toute la vallée du Nil, surtout en Egypte et en Nubie, est couverte des monuments les plus curieux de l'antiquité : obélisques, pyramides, ruines de villes et de temples magnifiques. — Dans la mer Rouge se trouvent de nombreuses îles, parmi lesquelles la plus remarquable est celle de *Dahalac*, la plus grande de cette mer, vis-à-vis des rivages de l'Abyssinie.

§ IV. — CÔTE DE BARBARIE.

165. POSITION. DIVISIONS ET RELIGIONS DE LA CÔTE DE BARBARIE. — On comprend sous le nom de Côte de Barbarie, ou États Barbaresques, tous les pays qui occupent le nord ouest de l'Afrique, le long de la côte de la Méditerranée, et auxquels nous joindrons les déserts qui les bornent à l'E. et au S. — Ces pays sont : la régence de *Tripoli*, qui tient sous sa dépendance le pays de *Barcah* et le *Fezzan*; la régence de *Tunis*; l'*Algérie*, et l'empire de *Maroc*. Au S. de ces pays s'étendent les vastes déserts de la *Libye* et du *Sahara*. — Le mahométisme dominait exclusivement dans tous ces pays, lorsque la conquête de l'Algérie par les Français y a reporté la religion catholique, qui y avait longtemps brillé d'un vif éclat.

RÉGENCE DE TRIPOLI.

166. BORNES. POPULATION. GOUVERNEMENT ET VILLES

PRINCIPALES. — L'État de Tripoli, séparé de l'Égypte, à l'E., par le pays de Barcah, est borné au N. par la Méditerranée, à l'O. par la régence de Tunis, et au S. par le Fezzan. C'est le plus faible des États barbaresques, quoique l'un des plus étendus : on n'estime sa population qu'à 950 mille hab.; il est gouverné par un *Bey*, qui est presque entièrement sous la dépendance du Sultan. — La capitale de ce pays est TRIPOLI, port sur la Méditerranée; ville très-ancienne, d'où s'exportent de la poudre d'or, des plumes d'autruche, etc.

167. ÉTATS QUI DÉPENDENT DE TRIPOLI. —Les principaux États qui dépendent de Tripoli, sont : 1° le pays de BARCAH, à l'E., dont toute la côte est très-fertile et assez populeuse. Il est gouverné par deux beys, nommés par celui de Tripoli, auquel ils ne gardent qu'une obéissance équivoque : l'un de ces beys réside à DERNE et l'autre à BEN-GHAZI, les principales villes de ce pays; la dernière a un assez bon port. — Au S. de cette contrée se trouve l'oasis d'AUDJÉLAH, résidence d'un bey dépendant aussi de Tripoli. Au S. de ces pays s'étend le *désert de Libye*. — 2° Le FEZZAN, situé à l'O. de ce désert et au S. de l'État de Tripoli; il a environ 75 mille habitants, et a pour capitale MOURZOUK, ville très-commerçante.—3° Le pays de GHADAMÈS, au N. O. du Fezzan, et qui doit son nom à sa capitale.

§ V. — RÉGENCE DE TUNIS.

168. BORNES. POPULATION. GOUVERNEMENT. CAPITALE ET DÉPENDANCES DE TUNIS. — L'État de Tunis, situé à l'O. du précédent, borné à l'O. par l'Algérie et au S. par le Sahara, renferme une population de 1 million 800 mille hab.; il est gouverné par un bey, et a pour capitale TUNIS, à peu de distance des ruines de l'ancienne Carthage, avec un bon port et de bonnes fortifications; elle est très-commerçante. — Au S. se trouve le pays de TOUZER, capitale, TOUZER, sur la côte occidentale du lac *Laoudéha*.

§ VI. — ALGÉRIE (1).

169. BORNES. POPULATION. GOUVERNEMENT ET DIVISIONS. — L'Algérie, la plus importante de toutes les colonies françaises, a été conquise depuis l'année 1830, époque à laquelle les Français s'emparèrent d'Alger. Elle est bornée au N.

---

(1) Pour ce pays et les autres possessions françaises en Afrique, consulter, dans mon *Atlas à l'usage des colleges*, la carte des COLONIES FRANÇAISES.

par la Méditerranée, à l'E. par la régence de Tunis, au S. par le Sahara et à l'O. par l'empire de Maroc. — Sa population est de 2 millions et demi d'habitants, dont environ 125 mille Européens. — L'Algérie, envisagée dans son ensemble, se divise naturellement en deux régions : le *Tell*, ou région de la culture du froment, et le *Sahara* ou région des palmiers. — Cette importante colonie, placée sous les ordres d'un gouverneur général assisté d'un conseil de gouvernement, se partage, au point de vue politique, en trois provinces ou départements dont chacun est commandé par un général et administré par un préfet. Cette division ne s'applique qu'au Tell; le reste du pays est soumis exclusivement au régime militaire. Les trois provinces sont, en allant de l'E. à l'O., celle de *Constantine*, celle d'*Alger*, et celle d'*Oran*, du nom de leurs chefs-lieux.

170. Villes principales. — Les villes principales de l'Algérie sont dans chaque province :

1° Province de Constantine. — Constantine, chef-lieu sur le Rummel, prise en 1837, ville forte (36 mille hab., dont 5 mille Européens). — Bone, au N. E., subdivision militaire et sous-préfecture, bon port près de l'embouchure de la Seybouse, ville forte (10 mille hab., dont près de 5 mille Européens). — La Calle, à l'E., port sur la côte, célèbre par ses pêcheries de corail. — Philippeville-Stora, au N. de Constantine, dont elle est le port; ville fondée par les Français; sous-préfecture. — Bougie, au N O., sur la limite de la province, petite ville fortifiée.

2° Province d'Alger. — Alger, chef-lieu, résidence du gouverneur général, siège du gouvernement de la colonie, ainsi que d'un évêché, d'une cour impériale et d'une académie qui comprennent toute l'Algérie. Cette ville bien fortifiée du côté de la mer sur laquelle on crée un vaste port militaire, renferme un lycée et de beaux établissements militaires et maritimes (50 mille hab., dont 20 mille indigènes). — Blidah, au S. O. d'Alger, au pied du petit Atlas, sous-préfecture, ville prospère (9 mille hab., dont près de 4 mille Européens). — Cherchell, au N., port nouvellement réparé — Orléansville, au S. de la précédente; ville fondée par les Français dans la vallée du Chélif, subdivision militaire et commissariat civil.

3° Province d'Oran. — Oran, chef-lieu au bord de la mer, dans une situation pittoresque, ville très-forte (22 mille hab., dont 8 mille indigènes; à 4 kilomètres est Mers-el-Kebir, port capable de recevoir des vaisseaux et parfaitement défendu; il forme avec Oran la meilleure position militaire de toute l'Algérie. — Mostaganem à l'E., près de la mer, ville industrieuse;

subdivision militaire et sous-préfecture. — TLEMCEN, vieille ville mal percée.

§ VII. — EMPIRE DE MAROC.

171. BORNES. DIVISIONS. POPULATION ET GOUVERNEMENT. — L'empire de Maroc est situé à l'O. de l'Algérie, et borné au N. par la Méditerranée, à l'O. par l'Océan Atlantique, et au S. par le Sahara. — On peut le diviser en quatre parties : les provinces septentrionales ou *royaume de Fez*, les provinces centrales ou *royaume de Maroc*, les provinces méridionales ou *royaume de Suz* ou *Souze;* enfin les provinces orientales ou *royaume de Tafilet*, au S. E. de la chaîne de l'Atlas. — On estime sa population à 6 millions d'habitants, composés en partie de tribus barbares et insoumises. — Le gouvernement est despotique et absolu.

172. VILLES PRINCIPALES. — Les principales sont : — MAROC, capitale de tout l'empire, et résidence ordinaire de l'empereur, qui y occupe un vaste palais; elle fait le commerce de maroquin, de soie et de papier (60 mille habitants). — MÉQUINEZ, au N. E. de Maroc, dans une plaine renommée par la salubrité de son climat; résidence de l'empereur actuel (50 mille habitants). — FEZ, capitale du royaume de ce nom, ville riche et commerçante, qui jouissait autrefois en Afrique d'une brillante réputation littéraire (80 mille habitants). — CEUTA, PÉNON-DE-VELEZ et MELILLA, forteresses appartenant à l'Espagne, sur la côte de la Méditerranée. — TANGER, jolie ville sur le détroit de Gibraltar, résidence de la plupart des consuls européens; bombardée, ainsi que *Mogador*, dont nous allons parler plus bas, par une flotte française en 1844. — LARACHE, assez bon port sur l'Océan Atlantique. — SLAA ou *Salé* et RABATT, sur l'Océan Atlantique; villes importantes, très-voisines l'une de l'autre, et qui étaient autrefois alliées pour la piraterie; la première a été bombardée par une escadre française en 1852. — MOGADOR, port sur l'Océan, la principale ville de commerce de l'empire. — TORODANT, capitale de la province de Suz. — GOURLAND paraît être maintenant la ville la plus importante du royaume de TAFILET, dont la capitale est au S. E. de l'Atlas. — Près de la frontière N. E. de l'empire coule la petite rivière de l'*Isly*, sur les bords de laquelle une faible armée française commandée par le maréchal Bugeaud remporta une brillante victoire sur une nombreuse armée marocaine, en 1844.

173. NOTIONS DIVERSES. — La chaîne de l'Atlas, qui traverse la

Barbarie de l'E. à l'O , partage ce pays en deux contrees qui jouissent d'un climat bien different. Le N., préserve par les montagnes des effets les plus funestes du vent brûlant du desert. offre, partout où il est bien arrose, une admirable végétation, et fournit en abondance du ble à plusieurs contrees de l'Europe; l'olivier, l'amandier, le figuier, le citronnier, l'oranger, la vigne, y produisent des fruits exquis. Le *Béled el-Djérid* ou *pays des Dattes*, situé au S. de l'Atlas, participe déjà à la nature aride du desert, et ses plaines unies, impregnées de sel et presque steriles, sont de plus frequemment ravagées par des nuées de sauterelles. — La conquête française, en civilisant l'Algérie, y développe rapidement les germes d'une prospérité qui n'attendait pour naître que le travail de la main de l'homme. La culture du tabac, du coton et du mûrier, y donnent des résultats, qui, joints a de grandes richesses minerales encore a peine exploitees aujourd'hui, promettent un brillant avenir a cette colonie. — La Barbarie renferme tous les animaux nuisibles de l'Afrique : le lion de l'Atlas en est le plus terrible; parmi les animaux utiles, on remarque le dromadaire, dont la légèrete est telle, qu'on assure qu'il peut faire 330 kilometres dans une journee.

§ VIII. — Désert du Sahara.

174. Bornes, Ports et Habitants du Sahara. — Le désert du Sahara, qui se rattache à ceux de Barcah et de Libye, dont nous avons déjà parlé, est situé au S. de toute la largeur de l'Afrique, de l'O. à l'E , sur près de 1,200 kilomètres d'étendue du N. au S. Il est parsemé dans toutes ses parties d'oasis extrêmement nombreuses dans lesquelles se reposent les caravanes qui, partant des côtes de Barbarie, traversent le désert pour se rendre dans les villes du Soudan. Dans ces oasis habitent des peuplades à demi-sauvages, parmi lesquelles on distingue : les Tibbous, à l'E.; — les Touareks, qui occupent tout le centre et le S., où ils possèdent une ville commerçante nommée *Agadès*, résidence du plus puissant de leurs chefs ; — les Touats, qui s'étendent à l'O. jusqu'à l'empire de Maroc, et dont *Agably* est la ville principale. Sur la côte de l'Océan Atlantique se trouvent quelques ports et mouillages, tels que le golfe d'*Arguin*, dans lequel se trouve un banc de sable trop fameux par les naufrages qu'il a occasionnés.

175. Notions diverses. — Le Sahara, ou grand Desert, occupe une étendue qu'on peut évaluer a plus de 4 millions de kilometres carrés, c'est-à-dire, pres de la sixieme partie de la superficie de l'Afrique, et plus de huit fois celle de la France. L'interieur en est mal connu, ainsi que sa population, que l'on croit pouvoir reduire à 750 mille habitants d'origine maure et berbere, qui professent le mahometisme et obeissent à un grand nombre de chefs independants. Les peuplades voisines de la côte, parmi lesquelles on cite les *Labdes-Sébas*, les *Oulad Delims* et les *Monselmines*, passent pour très-feroces, et font subir d'horribles traitements aux malheureux naufragés dont les tempêtes ou les courants font échouer les vaisseaux sur les dangereux bancs de sable et de rochers qui bordent ce rivage et s'étendent assez loin dans l'Océan.

Aucune rivière importante ne traverse le Sahara : à peine en pourrait-on citer deux ou trois qui, telles que le *Rio de Ouro* et les rivières de *Saint-Cyprien* et de *Saint-Jean*, arrivent jusqu'à l'Océan Atlantique ; dans l'intérieur on ne trouve que quelques cours d'eau de peu d'étendue, qui, après avoir parcouru de petites vallées dont ils forment de fertiles oasis, se perdent bientôt dans les sables. C'est dans ces oasis que sont bâtis les villes et les villages des peuples du Sahara ; mais la plupart des habitants vivent sous des tentes, et vont d'oasis en oasis faire paître leurs troupeaux de chameaux, de chèvres et de moutons. Souvent, ils sont obligés de disputer l'approche des sources, qu'ils y cherchent, aux lions, aux panthères et à d'énormes serpents, habitants redoutables de ces immenses solitudes, où errent aussi des autruches et quelques gazelles. Les seuls arbres précieux qui croissent dans le Sahara sont les palmiers dattiers, dont le fruit nourrit les habitants des oasis, et l'espèce d'acacia qui produit la gomme arabique.

QUESTIONNAIRE. — 155. Comment se divise l'Afrique ? — Combien de contrées renferme-t-elle ? — § I. 156. Quelles sont la position et les limites de l'Égypte ? — Quel pays sont soumis au vice-roi d'Égypte ? — 157. Quelle est la population de ces États ? — A quelles races appartient-elle ? — Quel est le gouvernement ? — 158. Comment se divise l'Égypte ? — Quelles sont ses principales villes ? — 159. Quelles sont les oasis qui dépendent de l'Égypte ? — Où sont-elles situées ? — § II. 160. Quelles sont la position et les limites de la Nubie ? — 161. Comment se divise-t-elle ? — Quelles en sont les villes principales ? — § III. 162. Quelles sont les bornes de l'Abyssinie ? — Quelles sont sa population et sa religion ? — Quel est son gouvernement ? — 163. Comment se divise-t-elle ? — Quelles en sont les villes principales ? — 164. Quels sont le climat et l'aspect général de l'Égypte, de la Nubie et de l'Abyssinie ? Faites connaître le Nil. — Quels sont les produits de ces contrées ? — Quelle est la plus grande île de la mer Rouge ? — § IV. 165. Quels États comprend la côte de Barbarie ? — Quelle religion y est observée ? 166. Quelles sont les bornes, la population et le gouvernement de l'État de Tripoli ? — Quelles sont les principales villes ? — 167. Quels États dépendent de Tripoli, et quelles en sont les villes principales ? § V. 168. Quelles sont les bornes, la population et le gouvernement de l'État de Tunis ? — Quelles en sont la capitale et les dépendances ? — § VI. 169. A qui appartient l'Algérie ? — Quelles en sont les bornes et la population ? — Quels sont le gouvernement et les divisions ? — 170. Quelles sont les villes principales de la province de Constantine ? — Quelle est la capitale de l'Algérie ? Quelles sont les autres villes de la province d'Alger ? Quelles sont celles de la province d'Oran ? — § VII. 171. Quelles sont les bornes du Maroc ? — Faites connaître ses divisions — Quels en sont le gouvernement et la population ? — 172. Quelles sont les principales villes du Maroc ? — 173. Faites connaître le climat de la côte de Barbarie. — Quelle chaîne de montagnes y remarque-t-on ? — Quels sont les produits du sol ? — Quels animaux y rencontre-t-on ? — § VIII. 174. Où est situé le Sahara ? — Quelles sont ses bornes ? — Quels sont ses habitants ? — 175. Quelle est l'étendue du grand Désert ? — Quelle population lui suppose-t-on ? — Quelles rivières y rencontre-t-on ? — Quelle vie mènent ses habitants ? — Quel arbre utile trouve-t-on dans ces contrées ?

DEUXIÈME PARTIE.

SOMMAIRE.

176. L'Afrique centrale et méridionale comprend 9 contrées : Sénégambie, Guinée et Congo à l'O., Soudan et Cafrerie au centre, le Cap au S., le Mozambique, le Zanguebar et l'Ajan à l'E.

§ I. 177. La Sénégambie est bornée au N. par le Sahara, à l'O. par l'Atlantique, au S. par la Guinée, a l'E. par le Soudan. L'intérieur contient 3 millions et demi d'habitants, divisés en plusieurs peuples noirs et Maures.

178. Les Européens y ont formé des établissements, dont les principaux sont ceux des Français, sur la rive gauche du fleuve; capitale Saint-Louis. Les Anglais ont Batburst, Pisania, etc. — Les Portugais ont Cachao et les îles Bissagos.

179. La végétation y est magnifique, favorisée par les pluies et la chaleur; mais le climat est insalubre, et les animaux féroces nombreux. On en tire de la gomme, de l'or, des huiles, des plumes, etc.

§ II. 180. La Guinée est bornée au N. par la Sénégambie, à l'O. par l'Atlantique, au S. par le Congo, et a l'E. par les contrées inconnues de l'intérieur. On y distingue : 1° la côte des Graines, ville principale Free-Town, aux Anglais, et Monrovia, 2° la côte d'Ivoire; 3° la côte d'Or, ainsi nommée du commerce qui s'y fait; 4° la côte des Esclaves, où est le royaume de Dahomey; 5° la côte de Calabar, où est le royaume de Benin; 6° la côte de Gabon. Les peuples de cette contrée sont sauvages et peu connus.

§ III. 181. Le Congo, au S. de la Guinée, se divise en Loango, Congo propre, capitale San-Salvador; Angola, capitale Saint-Paul de Loanda, chef-lieu des établissements portugais; Benguela, capitale Saint-Philippe, aussi aux Portugais.

182. La population de la Guinée et du Congo est d'environ 11 millions d'habitants, nègres idolâtres. La chaleur de ce climat est insupportable pour les Européens. Le sol est fertile, mais l'air malsain. Les grands animaux y sont nombreux. Les produits sont l'ivoire, l'or et les épices.

§ IV. 183. Le Soudan occupe le nord de la partie centrale de l'Afrique. Les principaux États sont : le Bambarah, capitale Ségo, le royaume de Ten-Boctoue, le royaume des Peuls ou Fellatahs, capitale Sackatou ; le Bornou capitale Kouka, et le Dar-Four, capitale Cobbeh.

184. Le Soudan est encore mal connu, malgré de nombreux voyages. On y a reconnu la supériorité des Fellatahs mahométans sur les autres races. Le pays est traversé par le Niger et par le Tchadda ou Binué, son affluent, et par de nombreuses rivières qui se jettent dans le lac Tchad. On y cultive le riz, le coton, l'indigo, et on y trouve de l'or, du fer, et les grands animaux de l'Afrique.

§ V. 185. La Cafrerie comprend toute la partie centrale et australe de l'Afrique. On peut la diviser en : 1° contrée peu connue, aux environs du lac Uniamesi ; 2° Cimbebasie, au S. du Congo; 3° Cafrerie proprement dite, entre le Congo et le Mozambique ; 4° Hottentotie, au N. du gouvernement du Cap.

186. Les principaux peuples sont les Kazembes, les Maravis, sur le Zambèze, au N. duquel est le lac Uniamesi, les Mikololo, sur ce fleuve et le lac N'gami. Les Bechuanas, plus civilisés, sont au S. Leurs principales villes sont Kourritchané et le nouveau Litakou. Les Hottentots n'ont que des villages.

§ VI. 187. La colonie du Cap, fondée par les Hollandais, appartient aux Anglais. Il y a 670 mille habitants. La capitale est le Cap.

188. Le climat est tempéré et les productions sont celles de l'Europe. Le cap de Bonne-Esperance a reçu ce nom des Portugais, qui le decouvrirent en 1483 et le doublèrent en 1497.

§ VII. 189. Le Mozambique est borné au N. O., à l'O. et au S. O. par la Cafrerie, par le canal de Mozambique au S E , par le Zanguebar au N. E Les Portugais, auquel il appartient, le divisent en 7 gouvernements, dont Tête et Mozambique capitale de ces etablissements, sont les villes les plus considérables.

190. Les habitants, y compris les indigènes, sont environ 3 millions et demi. Le pays est fertile et bien arrose. L'ivoire et la poudre d'or y sont recueillis.

§ VIII. 191. Le Zanguebar est borné au S O. par le Mozambique, par la mer des Indes au S., la côte d'Ajan au N E , et la Cafrerie à l'O Il est divisé en Etats tributaires de l'iman de Maskate, dont les principaux sont ceux de Quiloa, Zanzibar, Mombaza, Melinde et Magadoxo

192. Il a environ 1 million et demi d'habitants, mahométans et idolâtres. Le pays est chaud et marécageux ; il produit beaucoup d'ivoire, dont le port de l'île de Zanzibar fait un grand commerce.

§ IX. 193. La côte d'Ajan est bornée au S. O par le Zanguebar, à l'E. par l'ocean Indien, au N. par le detroit de Bal-el-Mandeb et l'Abyssinie, à l'O. par la Cafrerie. Elle se divise en côte d'Ajan proprement dite et ancien royaume d'Adel, et en côte des Somaulis, peuple mahometan intelligent qui possède les ports de Barbora et Zeilah. On cite encore le royaume de Harrar, au S. O.

194. La population est d'environ 400 mille habitants, pasteurs qui font le commerce d esclaves, de bestiaux et de parfums.

§ X. 195. Les îles qui se rattachent à l'Afrique sont : dans l'Atlantique : les Açores, Madère, les Canaries, les îles du cap Vert, celles de Fernando-Pô, Annobon, l'île du Prince et Saint-Andre, Saint-Mathieu, l'Ascension, Sainte-Helene, et celles de Tristan d'Acunha.

196. Les îles de l'ocean Indien sont : Madagascar, capitale Tananarivou ; la Réunion, aux Français ; Maurice , les Seychelles, les Amirantes, Sainte-Marie, Mayotte et Nossibeh ; ces trois dernières à la France.

176. Division. — L'Afrique centrale et méridionale se divise en 9 contrées principales qui sont :

1. La Sénégambie,
2. La Guinée,   } sur la côte occidentale.
3. Le Congo,

4. Le Soudan,
5. La Cafrerie, } au centre.

6. Le gouvernement du Cap au sud.

7. Le Mozambique,
8. Le Zanguebar, } sur la côte orientale.
9. L'Ajan,

Nous allons les étudier successivement.

§ I. — Sénégambie.

177. Bornes et Habitants. — La Sénégambie, ainsi nommée des deux principaux fleuves qui l'arrosent, savoir :

— le *Sénégal* et la *Gambie*, est bornée au N. par le Sahara, à l'O. par l'Océan Atlantique, au S. par la Guinée et à l'E. par le Soudan. Ce pays renferme une foule de petits royaumes; les uns sont habités par les *Nègres* indigènes, dont les peuplades principales sont celles des *Foulahs*, des *Mandingues*, des *Ghiolofs* et des *Féloups*; les autres sont envahis par les Maures. — La population totale est évaluée à 3 millions 700,000 habitants.

178. ÉTABLISSEMENTS DES EUROPÉENS DANS LA SÉNÉGAMBIE. — Les Européens possèdent de nombreux établissements dans la Sénégambie, savoir :

Les Français y ont fondé la ville de SAINT-LOUIS, dans une île au milieu du Sénégal, capitale d'une colonie dont dépend la province du *Oualo*, située sur la rive gauche de ce fleuve et complétement soumise aujourd'hui ; ils possèdent encore sur cette même rive, un grand nombre de forts et de comptoirs établis sur le fleuve jusque fort loin dans l'intérieur, et dont les principaux sont ceux de *Richard Tol*, *Daghana*, *Saint-Charles Podor*, etc.; l'île de GORÉE, près du cap Vert; et plusieurs comptoirs dont celui de JOAL, aux environs.

Les Anglais possèdent : BATHURST, le fort JAMES, PISANIA, ALBREDA, et plusieurs comptoirs sur la Gambie.

Les Portugais ont dans le S. O., quelques établissements qui ont pour chef-lieu *Cachao*, petite ville de 500 hab. avec un fort, et sur la côte les îles fertiles de BISSAGOS, avec un fort sur celle de *Bissao*, la plus grande du groupe et ayant environ 170 kilomètres de tour.

179. NOTIONS DIVERSES. — Sur les côtes peu élevées de la Sénégambie et sur les bords de ces fleuves, fécondes, comme l'Égypte, par des débordements et par les pluies périodiques qui tombent du mois de juillet au mois d'octobre, la végétation prend un développement extraordinaire. C'est là que le baobab atteint les proportions gigantesques qui en font le roi des végétaux. Les palmiers, les cocotiers, les citronniers, les orangers y charment la vue de toutes parts, mais des chaleurs insupportables, l'insalubrité de l'air, la présence de hideux crocodiles et des reptiles les plus dangereux diminuent la population de ce pays. On en tire de la poudre d'or, de l'ambre, des plumes d'autruche, du poivre, de la cire, des cuirs, de la gomme et des huiles d'arachide apportées par les tribus sauvages du Sahara.

§ II. — GUINÉE.

180. BORNES, DIVISIONS, PRODUCTIONS. — ÉTABLISSEMENTS EUROPÉENS. — La Guinée est une vaste contrée, qui s'étend, au S. de la Sénégambie, le long de la côte de l'Océan jusqu'au Congo; à l'E. elle touche les pays peu connus du centre de l'Afrique. — Ce pays se subdivise en plusieurs parties, dont les principales sont de l'O. à l'E. : — 1° la côte des Graines, ainsi nommée à cause du poivre que les Anglais en tirent en abondance. Ce peuple a fondé, au N. O., sur les bords de la rivière de *Sierra-Leone*, qui forme l'un des meilleurs ports de l'Afrique, l'importante ville de *Free-Town*, établissement destiné surtout à réprimer l'infâme trafic de la traite des nègres. Malgré l'extrême insalubrité du climat, cette ville est devenue une des plus commerçantes et des plus peuplées de cette côte (10 mille hab.). — Les Américains des États-Unis ont fondé au S. E. de Sierra-Leone, sous le nom de Liberia, un autre établissement pour ceux de leurs nègres qu'ils ont rendus à la liberté; *Monrovia*, à l'E. de l'embouchure du fleuve *Mesurado*, est le chef-lieu de cette colonie. — 2° La côte d'Ivoire ou des Dents, ainsi nommée des dents d'éléphants qu'elle fournit en abondance. — La côte d'Or, qui tire son nom de la poudre d'or, objet principal de son commerce. Les Européens y avaient de nombreux établissements, parmi lesquels on distingue encore : Les comptoirs français établis au *Grand Bassam* et sur la rivière d'Assinie ou *Issinie*, sur la limite de la côte d'Or et de la côte d'Ivoire; la Mine, aux Hollandais; le Cap-Corse, aux Anglais; et Christiansborg, aux Danois. Dans l'intérieur se trouve le puissant royaume d'Achanti, qui a pour capitale Coumassie. — 4° La côte des Esclaves, ainsi nommée du trafic honteux qui s'y fait encore, quoique toutes les nations de l'Europe y aient renoncé d'un commun accord. Les petits États de cette côte obéissent au roi de Dahomey, dont la capitale, nommée Abomey, est située à 120 kilomètres dans l'intérieur. — 5° La côte de Calabar, sur laquelle débouchent les innombrables bras du Niger ou Dialli-Bâ; contrée marécageuse et très-fertile, occupée par plusieurs royaumes, entre lesquels on distingue : — Celui de Bénin, à l'O., le plus puissant de cette côte, gouverné par un souverain qui peut mettre 100 mille hommes sur pied; les Anglais en font aujourd'hui le principal commerce; capitale Bénin, sur un bras du Dialli-Bâ; le roi de Bénin compte au nombre de ses tributaires celui d'Ouary, dont la capitale est située au S. de Bénin, sur un autre bras du Dialli-Bâ, et celui de Bonny, dont la capitale, située à l'embouchure du bras du Dialli-Bâ, auquel elle donne son nom, est une des villes les plus commerçantes de ces parages. — 6° La côte de Gabon, plus au S. E., qui doit son nom à une baie dans laquelle débouche une rivière qui porte aussi le même nom, et sur laquelle la France possède un comptoir. — Toute cette contrée est habitée par des peuples sauvages et peu connus, parmi lesquels nous citerons seulement les *Biafras*, qui donnent leur nom à l'un des golfes formés par celui de la Guinée. — Au S. E. habitent des peuples sauvages et peu connus.

§ III. — Congo.

181. Position, divisions et villes principales — Le Congo, nommé aussi *Guinée méridionale*, est situé au S. de la Guinée, et divisé en plusieurs royaumes, dont les principaux sont : — 1° celui de Loango; capitale Loango, dans une position charmante; 2° du Congo propre; capitale, San-Salvador, bâtie par les Portugais, qui regardent encore comme une de leurs possessions ce vaste royaume, redevenu en réalité indépendant ; — 3° d'Angola : capitale, Saint-Paul de Loanda ou *Loanda*, évêché, chef lieu des établissements des Portugais, dont la dénomination, qui s'est longtemps étendue sur toute cette partie de l'Afrique, subsiste encore dans ce royaume et dans le suivant, et conserve des postes et des comptoirs à de grandes distances dans l'intérieur des terres; — 4° de Benguela; capitale Saint-Phillipe, lieu d'exil pour les criminels Portugais.

182. Notions diverses sur la Guinée et le Congo. — La Guinée et le Congo, ou les deux Guinées, ont une population que l'on évalue à 11 millions d'habitants, tous nègres et idolâtres. Les tentatives qu'ont faites les missionnaires portugais pour répandre la religion chrétienne parmi ceux qui sont soumis au Portugal, les ont seulement amenés à mêler à leurs croyances superstitieuses quelques pratiques du christianisme.

La chaleur étouffante qui règne dans les deux Guinées, surtout pendant la saison des pluies, dont la durée est souvent de six mois, en rend le climat pernicieux pour les Européens; mais elle fait éclore les fleurs les plus admirables, et donne à toute la végétation un développement extraordinaire, surtout sur les côtes, qui sont généralement basses et formées du limon fertile charrié et accumulé depuis un grand nombre de siècles par de nombreuses rivières qui descendent des hautes montagnes qui bornent les deux Guinées au N. et à l'E. — Les éléphants, les gazelles, les antilopes, les singes, y vivent en troupes innombrables; on y rencontre aussi la girafe, le rhinocéros, un grand nombre de serpents, et particulièrement l'énorme boa. — La poudre d'or, l'ivoire et le poivre sont les productions principales de ces contrées, d'où l'on a transporté dans les diverses parties de l'Amérique un grand nombre d'esclaves nègres, commerce horrible qui dure encore, malgré les efforts que font pour l'abolir les principales nations de l'Europe.

§ IV. — SOUDAN.

183. POSITION, DIVISIONS ET VILLES PRINCIPALES. — Le Soudan, improprement appelé la Nigritie, occupe tout le N. de la partie centrale de l'Afrique, des deux côtés du Niger, et renferme plusieurs royaumes fort peu connus, dont les principaux sont de l'O. à l'E. : 1° Le BAMBARAH; capitale, SÉGO. — 2° Le royaume de TEN-BOKTOUE, avec une capitale du même nom, située près du Niger, et l'une des villes les plus commerçantes de l'Afrique centrale. — 3° Celui de SACKATOU, dont le souverain paraît être le plus puissant de la Nigritie. Ses sujets, nommés Peuls ou *Fellatahs*, forment une race particulière, entièrement différente, pour la couleur et pour les traits, des Nègres, avec lesquels ils ne s'allient jamais; ils paraissent fort industrieux. — 4° Le royaume de BORNOU, dont l'ancienne capitale, détruite au commencement de ce siècle par les Fellatahs, et nommée aujourd'hui *Vieux-Birnie*, renfermait, dit-on, 200 mille habitants. Elle a été remplacée par le NOUVEAU BIRNIE OU BORNOU, situé plus au S. E.; mais KOUKA, près du lac Tchad, est la résidence du souverain de ce pays, qui entretient une nombreuse cavalerie bardée de fer. — 5° Le DAR-FOUR; capitale, COBBÉH.

184. NOTIONS DIVERSES. — Le Soudan ou Nigritie paraît être séparé, au S., de la Cafrerie par une haute chaîne de montagnes qui unissent les monts de Kong à ceux de la Lune. Il est divisé en un grand nombre de royaumes plus ou moins étendus et fort mal connus des Européens. Cependant, quelques voyageurs qui sont parvenus, dans ces dernières années, à pénétrer dans le Soudan, y ont trouvé des peuples beaucoup plus civilisés qu'on ne l'avait supposé jusqu'ici, et parmi lesquels se distinguent les Fellatahs, qui appartiennent à la race maure, sont mahométans, et ont fait la conquête des plus belles contrées du Soudan. Ces pays, arrosés par de nombreuses rivières qui se rendent dans le lac Tchad, qui en occupe le centre, ou dans le Niger, dont le principal affluent nommé Tchadda au Binué traverse toute la partie S., sont bien cultivés et fertiles en riz, en *dourrah*, espèce de millet, en coton, chanvre, indigo, etc. On y trouve aussi de l'or et du fer, et presque tous les animaux de l'Afrique.

§ V. — CAFRERIE.

185. POSITION ET HABITANTS. — Nous comprenons ici sous le nom de Cafrerie toute la partie encore très-peu connue de l'Afrique centrale, qui s'étend depuis le Soudan, au N., jusqu'au gouvernement du Cap, vers le S. Cette immense région peut se diviser en quatre parties, savoir : 1° La vaste *contrée peu connue* de l'Afrique centrale aux environs du lac *Uniamesi*. — 2° La *Cimbébasie*, qui occupe la côte stérile comprise entre le Congo et le gouvernement du Cap, et qui doit son nom à la peuplade noire et sauvage des *Cimbébas*, qui erre sur le rivage; on y connaît aussi les *Dambaras* et les *Namaquas*. — 3° La *Cafrerie* proprement dite, entre le Congo et la capitainerie générale de Mozambique, et qui s'étend au S. E. le long de la *côte de Natal*, comprise entre le gouvernement du Cap et de la capitainerie de Mozambique. Les Anglais ont formé sur cette côte un établissement nommé *Port-Natal*; l'intérieur renferme plusieurs peuplades considérables; — 4° La *Hottentotie*, au N. du gouvernement du Cap, et qui doit son nom aux *Hottentots*, nation nègre, de couleur brun-rouge, qui se divise en plus de 20 peuplades, dont plusieurs sont très-féroces.

186. NOTIONS DIVERSES. — Le nom de *Cafres* signifie infidèles, et fut donné par les Arabes mahométans établis sur les côtes orientales de l'Afrique aux peuplades païennes de l'intérieur. Parmi celles de ces nations sur lesquelles les voyageurs nous ont donné quelques renseignements, nous pouvons nommer les *Kazembes* et les *Maravis*, dans le N. : ils possèdent des provinces de l'empire, aujourd'hui démembré, du *Monomotapa*, et ont tous deux leurs capitales sur le fleuve Zambeze. *Zimbaoe* est le nom de celle des Maravis. Au N. des pays occupés par ces peuples s'étend un vaste lac, ou une mer intérieure que les naturels nomment *Uniamési*, mais dont on n'a pas encore pu mesurer l'étendue. Au S. et sur le Zambèze se trouvent les *Makololo*, qui s'étendent jusqu'aux rives du lac *N'gami*, au S. duquel se trouvent les *Béchuanas* ou *Betjouanas*, divisés en un grand nombre de peuplades, qui se distinguent des autres nègres de la Cafrerie par leurs belles proportions, par la douceur de leurs mœurs et par leur industrie : ils forgent avec habileté le fer et le cuivre, qu'ils tirent des mines abondantes situées dans leur pays, agréablement entrecoupé de montagnes assez élevées, de vallées et de plaines fertiles, et où l'on trouve des villes assez importantes, parmi lesquelles on distingue *Kourritchané*, *Quaqué*, *Machaou* et le *Nouveau Litakou*. — La Hottentotie ne renferme que des villes de peu d'importance, parmi lesquelles on peut citer *Griqua* ou *Klaarwater* et *Philippopolis*. Des missionnaires travaillent à convertir ces derniers peuples au christianisme.

§ VI. — Colonie du Cap.

187. POSITION, POPULATION ET PRINCIPALES VILLES. — La colonie du cap de Bonne-Espérance, fondée par les Hollandais en 1650, et appartenant maintenant aux Anglais, qui s'en sont emparés en 1795, occupe toute la pointe méridionale de l'Afrique, jusqu'à 840 kilomètres dans l'intérieur des terres. — Malgré sa vaste étendue, cette contrée ne renferme qu'environ 670 mille habitants, dont 200 mille blancs : elle est très-fertile; la vigne y réussit très-bien et produit l'excellent vin de *Constance*. — La capitale de ce pays est LE CAP, sur la baie de la Table, un peu au N. du Cap de Bonne-Espérance. — UITENHAGEN, à l'E., est, après le Cap, la ville la plus considérable. Cette colonie est très-importante par sa position sur la route de l'Inde.

188. NOTIONS DIVERSES. — La colonie du Cap jouit d'un climat doux et tempéré; cependant le pays est exposé pendant l'été à un vent brûlant qui détruit quelquefois toute végétation, et, depuis le mois de mai jusqu'au mois d'août, il est inondé par des pluies continuelles. Les productions de l'Europe se trouvent réunies dans cette contrée à celles de l'Afrique. — Le cap de Bonne-Espérance, qui donne son nom au pays dont nous parlons, fut d'abord nommé *cap des Tourmentes*, par les Portugais, qui y furent assaillis par d'horribles tempêtes, lorsqu'ils le découvrirent, en 1483, et qui n'osèrent le doubler que quatorze ans après, en 1497, sous la conduite de Vasco de Gama, qui ouvrit ainsi aux Européens la route des Indes.

§ VII. — MOZAMBIQUE.

189. BORNES. DIVISIONS ET VILLES PRINCIPALES. — La capitainerie générale de Mozambique, qui comprend toutes les possessions des Portugais sur la côte orientale de l'Afrique, s'étend le long du canal auquel elle donne son nom, entre la Cafrerie, au N. O., à l'O. et au S. O., et le Zanguebar, au N. E. — Les Portugais divisent ce pays en sept gouvernements, qui sont, du S. O. au N. E. : 1° celui de *Lorenzo Marquez*, autour de la baie de ce nom; 2° celui d'*Inhambane*, avec un fort du même nom; 3° celui de *Sofala*, dont la capitale autrefois très-florissante, n'est plus aujourd'hui qu'un village; 4° celui des *Rivières de Séna*, arrosé par le Zambèze, sur lequel se trouvent : TÊTE, son chef-lieu; *Séna*, plus au S. E., et *Chicova*, au S. O.; 5° celui de *Quilimane*, avec un chef-lieu du même nom, sur le rivage de la mer; 6° celui de *Mozambique*, dont le chef-lieu, MOZAMBIQUE, est en même temps la capitale de toute la capitainerie et le siège d'un évêché : elle est située dans une île très-voisine du continent, et bien fortifiée; son port, un des meilleurs de ces mers, est fréquenté par les bâtiments qui font le commerce de l'Inde et de la mer Rouge, et qui y prennent des épices et des pierres précieuses; mais la majeure partie de sa population, fuyant l'insalubrité de son séjour, a cherché un refuge dans le beau village de *Mesuril*, fondé récemment sur la côte voisine; 7° celui du *Cap Delgado* ou *Cabo-del-Gado*, composé seulement des îles *Quérimbes*, situées au S. E. de ce cap.

190. NOTIONS DIVERSES. — La capitainerie générale de Mozambique, en y comprenant les peuplades indigènes renfermées dans ses limites, et qui sont gouvernées par des chefs à peu près indépendants, peut compter au moins 3 millions et demi d'habitants, dont 287 mille seulement obéissent aux Portugais. Cette contrée vaste et bien arrosée est très-fertile, surtout en riz ; les forêts, où l'on trouve l'arbre nommé *malampava*, qui a jusqu'à 23 mètres de tour, sont remplies d'éléphants, dont les dents sont, avec la poudre d'or, les objets les plus importants du commerce de ce pays.

§ VIII. — CÔTE DE ZANGUEBAR.

191. BORNES. DIVISIONS. VILLES ET ILES PRINCIPALES. — La côte de Zanguebar, située au N. E. de celle de Mozambique, sur le rivage de la mer des Indes qui la baigne à l'E., a la côte d'Ajan au N. E. et la Cafrerie à l'O. — Elle comprend un grand nombre de petits États qui portent le nom de leurs capitales, et sont presque tous tributaires de l'*iman de Maskate* en Arabie, dont la domination a remplacé sur cette côte celle des Portugais qui, après y avoir régné pendant près de deux siècles, en ont été expulsés par les naturels depuis une centaine d'années. Parmi ces États, les plus connus sont, du S. O. au N. E. : 1° celui de QUILOA, gouverné par un roi nègre, dont la capitale est située dans une petite île, voisine du rivage ; 2° celui de ZANZIBAR, composé d'une portion de côte assez considérable et de l'île de *Zanzibar* ou *Souayéli*, la plus grande, la plus peuplée et la plus commerçante de cette côte ; il est gouverné par un cheikh nommé par l'iman de Maskate ; 3° celui de MOMBAZA, dont la capitale, située dans une petite île près de la côte, a été quelque temps occupée par les Anglais ; 4° celui de MÉLINDE, dont la capitale, aujourd'hui bien déchue, fut extrêmement florissante sous la domination portugaise ; 5° celui de BRAVA, ville commerçante qui forme une petite république aristocratique ; 6° enfin celui de MAGADOXO ou *Makadshou*, dont la capitale est grande et fort commerçante. — On distingue encore sur cette côte l'île de *Monfia*, aujourd'hui inhabitée, et celle de *Pemba*.

192. NOTIONS DIVERSES. — On suppose que le Zanguebar renferme environ un million et demi d'habitants, en partie Arabes mahométans, et le reste nègres idolâtres divisés en plusieurs tribus, parmi lesquelles on distingue les *Mongallos* au S. E., les *Mosségueyos* et les *Murucafos* dans l'intérieur des terres. Les plaines marécageuses et mal-

saines qui occupent la plus grande partie de ce pays sont couvertes de forêts, où vivent de nombreuses troupes d'éléphants, qui fournissent beaucoup d'ivoire. L'île de *Zanzibar*, sur la côte occidentale de laquelle se trouve un excellent port, fait un grand commerce d'esclaves, de gomme et d'ivoire.

§ IX. — Côte d'Ajan.

193. Bornes. Divisions et villes principales. — La côte d'Ajan, située au N. E. de celle de Zanguebar, sur la même mer, s'étend au N. jusqu'au détroit de Bab-el-Mandeb, et a à l'O. la Cafrerie et le S. de l'Abyssinie. — Elle peut se diviser en deux parties, la *côte d'Ajan proprement dite*, située le long de la mer des Indes, et qui n'est qu'un désert aride et stérile où errent seulement quelques autruches, et l'ancien royaume d'*Adel*, comprenant la *côte des Somaulis*, le long du golfe d'Aden, et le petit royaume mahométan de **Harrar** ou *Arrar*, situé plus au S. O. sur les frontières de l'Abyssinie. — Les *Somaulis*, dont les nombreuses tribus parcourent toute la contrée qui s'étend depuis le Magadoxo jusqu'au golfe d'Aden, sont un peuple mahométan, actif et industrieux, qui fait un commerce important dans toutes les contrées qui avoisinent la mer Rouge et le golfe d'Aden, sur lequel ils possèdent plusieurs ports dont les deux plus fréquentés sont : — **Barbora** ou *Berbera*, sur la côte méridionale, et qui paraît être maintenant la principale place de commerce de ce pays, et **Zeilah** (l'ancien *Avalites portus*), au fond du golfe, capitale de l'ancien royaume d'Adel. — **Harrar**, située au S. O., est celle du royaume du même nom.

194. Notions diverses. — On évalue à 400 mille habitants la population des contrées que nous comprenons sous le nom de côte d'Ajan. Les Somaulis ont le teint olivâtre et teignent en jaune leurs longs cheveux. Ils sont pasteurs et possèdent des troupeaux de moutons dont l'énorme queue pèse jusqu'à 12 ou 15 kilogrammes. Les principaux objets de leur commerce sont les esclaves, le beurre fondu, les bestiaux, et même des aromates, qui croissent sur les côtes du golfe d'Aden, où il ne pleut presque jamais.

§ X. — Iles qui dépendent de l'Afrique.

Les îles de l'Afrique se divisent naturellement en îles situées dans l'Océan Atlantique, et en îles de l'Océan Indien.

195. Les principaux groupes situés dans l'Atlantique sont : — 1° les **Açores**, qui, par leur position à l'O. du Portugal auquel elles appartiennent, devraient faire partie de l'Europe; elles sont au nombre de dix, peuplées de 250 mille habitants, et jouissent d'un climat délicieux. La principale est TERCEIRA, qui a environ 70 kilomètres de tour et une capitale fortifiée, nommée *Angra*, siége du gouvernement et de l'évêché des Açores; 2° MADÈRE, au S. E. des Açores, au Portugal; fameuse par son vin. Elle a 1,000 kilomètres carrés et 150 mille habitants; capitale FUNCHAL. — Au N. E. se trouvent les petites îles de *Porto-Santo*. — 3° LES CANARIES (anciennes *îles Fortunées*), au S. de Madère, groupe composé de sept grandes îles et de plusieurs petites, aux Espagnols; elles sont très-fertiles, et peuplées de 200 mille habitants. Les principales sont TÉNÉRIFE, la plus considérable par son commerce, par ses richesses et par sa population, qui est de 60 mille habitants; fameuse par son pic, qui s'élève, au S. O. de l'île, à 3,719 mètres de hauteur, et qui renferme un volcan redoutable. On a découvert, au pied de cette montagne, des cavernes où les *Guanches*, anciens habitants de ces îles, déposaient leurs cadavres, Capitale, *Laguna*; mais *Santa-Cruz* en est le port principal.—CANARIE, qui a donné son nom au groupe; capitale *Palma*.—FER, où passait le premier méridien, d'après la déclaration de Louis XIII du 1ᵉʳ juillet 1634. — 4° Les îles du CAP-VERT, au N. O. du cap de ce nom, au nombre de 20, la plupart pierreuses, et peuplées de 65 mille habitants, aux Portugais. La principale, nommée SANTIAGO, a environ 200 kilomètres de long sur 45 de large : elle est fertile, mais l'air y est malsain; capitale, *Villa de Praya*, port sur la côte S. E.

On peut citer encore : 1° Dans le golfe de Guinée : FERNANDO PÔ aux Anglais, qui y ont un établissement destiné à réprimer la traite des negres et à faire pénétrer parmi eux les bienfaits de la civilisation; ANNOBON, aux Espagnols; l'île du PRINCE et SAINT-THOMAS, aux Portugais. Elles sont fertiles, mais l'excessive chaleur y rend l'air malsain. — 2° SAINT-MATHIEU, à l'O. des précédentes. — 5° L'ASCENSION, au S. O. de Saint-Mathieu, rocher sterile, sur lequel les Anglais ont fondé la petite ville de *Georgetown*, et où l'on trouve en abondance des tortues excellentes et monstrueuses. — 4° SAINTE-HÉLÈNE, au S. E. de l'Ascension, de 35 kilomètres de circuit, entourée de rochers escarpés qui la rendent imprenable, et peuplée de 3 mille habitants; tristement célèbre par la detention et la mort de Napoléon. Capitale, *James-Town*, aux Anglais. — 5° Les îles de TRISTAN D'ACUNHA, plus au S. O.; peu connues, et dont la principale a environ 20 kilomères de tour, aux Anglais.

196. ILES REMARQUABLES DE L'OCÉAN INDIEN. — Les îles remarquables de l'Océan Indien sont : — 1° MADAGASCAR, séparée de l'Afrique par le canal de Mozambique, l'une des plus grandes îles du globe, de 494 mille kilomètres carrés de superficie; couverte en partie de montagnes et de forêts riches en bois précieux, fertile mais malsaine sur les côtes. Sa population est de 5 millions et demi d'habitants, divisés en plusieurs royaumes, dont le plus puissant est celui des Hovas, au centre de l'île; capitale, *Tananarive* (50 mille habitants). — 2° La Réunion, à l'E. de Madagascar, île volcanique de 213 kilomètres de tour, et peuplée de 112 mille habitants; aux Français, qui s'y sont établis en 1665. Elle est fertile, particulièrement en café d'excellente qualité. On trouve sur ses côtes de l'ambre gris, du corail et de beaux coquillages; capitale, *Saint-Denis*. — Maurice, ancienne *Ile de France*, plus au N. E., de 200 kilomètres de circuit; peuplée de 40 mille habitants et fertile en sucre, indigo, muscade, etc. : capitale, *Port-Louis;* aux Anglais, qui l'ont prise à la France, ainsi que l'île *Rodriguez*, située plus à l'E.

On peut citer encore : — Les Seychelles, au N. E. de Madagascar, divisées en deux groupes, savoir : les îles de Mahé, ainsi nommées de Mahé, la plus grande de toutes, et les Amirantes, au S. O.; aux Anglais. — Sainte-Marie, sur la côte orientale de Madagascar; aux Français, qui y ont élevé le fort *Saint Louis*. — Nossi Béh et Mayotte, dans canal de Mozambique, au N. O. de Madagascar, occupées par les Français, qui y ont formé des établissements importants par leur situation sur la route des Indes Orientales.

Questionnaire. — 176. Comment se divise l'Afrique centrale et méridionale? — § I. 177. Quelles sont les bornes de la Sénégambie? — Quels sont ses habitants? — 178. Quels établissements les Français possèdent ils sur les côtes? — Quelles sont les possessions des Anglais? — Indiquez celles des Portugais? — 179. Quel est l'aspect du pays? — Quels sont son climat et ses produits? — § II. 180. Quelles sont les bornes de la Guinée? — Comment se divise-t-elle? Quelles sont ses productions? — Quels établissements les Européens y ont-ils formés? — § III. 181. Quelles sont la position et les divisions du Congo? Quelles sont ses villes principales? — 182 Quelle est la population réunie du Congo et de la Guinée? — Quelles religions y sont suivies? — Quels sont l'aspect général et le climat de ces pays? — Quels animaux en sont originaires? — Quels en sont les produits? — § IV. 183 Quelles sont les bornes du Soudan? — Quelles sont ses divisions et ses villes principales? — 184. Que connaît-on au Soudan? — Quel peuple en a fait la conquête? — Quels fleuves l'arrosent? Quel lac y trouve-t-on? — Quels sont le climat et les produits? — § V. 185. Quelle est la position de la Cafrerie? — Quelle est sa division? — 186 Quelles peuplades l'habitent? — Quels fleuves et quels lacs y rencontre-t-on? — Quelles villes y connaît-on? — § VI. 187. Quelles sont la position et la population de la colonie du Cap? — Quelles sont les principales villes? — A qui appartient cette colonie? — 188. Quels sont le climat et les produits de cette colonie? — Quand et par qui fut découvert et doublé le cap de Bonne-Espérance? — § VII. 189. Quelles sont les bornes de la capitainerie de Mozambique? — A qui appartient-elle? — Quelles en sont les divisions et les villes remarquables? — 190. Quelle est la population du Mozambique? — Quels en sont le climat et les produits? —

§ VIII. 191. Quelles sont les bornes du Zanguebar? — Quelles en sont les divisions et les villes principales? — Quelles îles remarquables en sont voisines? — 192. Quelle est sa population? — A quels peuples et à quelle religion appartiennent-ils? — Quels sont ses produits? — § IX. 193. Quelles sont les bornes et les divisions de la côte d'Ajan? — Quelles en sont les villes principales? — Quel peuple y remarque-t-on? — 194. Quelle est la population et quels sont les produits de cette côte? — 195. Comment se divisent les îles qui dépendent de l'Afrique? — Quels sont les principaux groupes situés dans l'Atlantique? — A quelles nations appartiennent ces îles et quelles sont leurs villes remarquables? — Citez les îles du golfe de Guinée. — 196. Quelles sont les îles remarquables de l'océan Indien? — Faites connaître Madagascar, sa population et sa capitale. — Quelles sont celles possédées par des nations européennes?

TABLE DES MATIÈRES.

	Pages.
CHAPITRE PREMIER.	
Division de l'Europe et France.	1
CHAPITRE DEUXIÈME.	
France par bassins	5
CHAPITRE TROISIÈME.	
Grande-Bretagne	23
CHAPITRE QUATRIÈME.	
Belgique. — Pays-Bas. — Etats scandinaves	29
CHAPITRE CINQUIÈME.	
Russie	39
CHAPITRE SIXIÈME.	
Confédération germanique	44
CHAPITRE SEPTIÈME.	
Prusse. — Autriche	54
CHAPITRE HUITIÈME.	
Suisse. — Etats italiens.	63
CHAPITRE NEUVIÈME.	
Espagne et Portugal	74
CHAPITRE DIXIÈME.	
Grèce et Turquie.	80
CHAPITRE ONZIÈME.	
Première partie.	
Géographie politique de l'Afrique septentrionale	87
Deuxième partie.	
Geographie politique de l'Afrique centrale et méridionale.	98

Paris. — Imprimé par E. Thunot et Cⁱᵉ, rue Racine, 26

www.ingramcontent.com/pod-product-compliance
Lightning Source LLC
Chambersburg PA
CBHW070518100426
42743CB00010B/1865